# 自分の顔が好きですか？

——「顔」の心理学

山口真美 著

波ジュニア新書 831

# まえがき

あなたは、他人の顔が気になる方ですか？

初めて会った人の顔と名前を、すぐに覚えられるとか。街角にいる有名人を見つけるのが得意だとか。芸能人の顔立ちが変わったことに気がついて、「ひょっとして、整形したのかな？」と友達と盛り上がったりしますか。他人の顔つきや様子を、いろいろと探りたくなるでしょうか。

あなたは、他人を気にするタイプですか？

怒られることに、とても過敏な人がいます。その一方で、他人の感情の変化にまったく無頓着《むとんちゃく》で、相手が気分を害しても気にしない。怒られてもまったく動じない人もいます。

みなさんの周辺でも、仲間とうまくやれない人がいるでしょうか。学校の外でクラスメートに出会っても知らんぷりで無視を決め込む人。マイペースで周りに合わせる風《ふう》がなかったり、逆にずかずかと土足で相手の領域に入り込んだり、相手が嫌がっていることを平気で続ける人はいないでしょうか。

実は、顔や表情を見る能力には、得意・不得意があるのです。努力しても人の気持ちを読み取るのが苦手な人がいるわけで、決して悪気があってやっているわけではないようです。むしろ、人の気持ちをたやすく読み取れる能力がこの世の中にあることを知らない本人は、自分が抱える問題に気づかずに、一人悩んでいることもあるでしょう。

では今度は、自分の顔についての質問です。あなたは、自分の顔が好きですか？

「自分大好き」という人は、少数派かと思います。幼い頃には気づかなくても、周りを気にする年頃になれば、どこかにコンプレックスを持つようになるものです。そんな心が最もあらわれるのが、顔ともいえましょう。

もちろん、外見なんて、まったく関心がないという人もいるでしょう。ほんとうに無頓着な人もいるものです。中には、あえて自分を見ないようにしている場合もあるでしょう。

関心があってもなくても、誰にでも顔はあります。人と会ったときに見せるのは、顔。目の前の人に見るのも、顔です。私達は、顔からさまざまな情報を読み取って生活をしています。ふだんの生活でも、顔から女性か男性か、だいたい何歳くらいかを読み取っています。

最近のジュースの自動販売機には、こうした情報を機械的に認識することができるものもあるようです。自動販売機の前に立つと、性別と年齢を読みとり、その人に合った商品を呈《てい》示《じ》するのです。その人の年齢や性別に合わせたお勧めの商品が、真ん中に出てくるようになっています。若い女性には健康志向の飲み物が、中年男性にはスタミナ飲料が、若い男性には清涼《せいりょう》飲料水が、目の前に並ぶのです。なかなか面白い仕組みです。

特に日本人は、顔を介して微妙なコミュニケーションをしています。その繊細さは世界の中でも特殊《とくしゅ》であることが、後に示すように欧米と比較《ひかく》した研究からわかっています。

みなさんの学校のクラスにも、「空気を壊さない」という暗黙《あんもく》のルールがありませんか。空気となると、難しいですね。でもそれを分解して分析してみることが、大切です。「空気」というのは、それぞれの人たちの顔やしぐさが発する、微細な動きによってつくり出されると思います。一人ひとりの顔の動きやしぐさが、全体の空気をつくり出しているのです。

人々の微細な顔の動きを読み取るプロもいます。感情を偽《いつわ》るとき、人はどのようなタイミングで、どのような顔の動きをするのか。科学的に解明されています。この領域の第一人者であるアメリカの心理学者エックマンは、税関職員や裁判関係者向けのトレーニング方法も開発しています。表情読み取りの教育を受ければ、容疑者の嘘《うそ》も見破る可能性が高くなります。群衆の中にいる、不審《ふしん》人物を探し出すこともできるかもしれません。

エックマンの研究は訓練を前提につくられたものですが、大切なことは、トレーニングを受けさえすれば、誰もが解読の能力を獲得《かくとく》できるという点にあります。そして、プロのようには相手の嘘を次々と暴くことはできなくても、こうした能力の素地を、誰もが多かれ少なかれ持っている可能性があります。私たちはむしろ、こうした能力を無意識に使っているところがあります。

実際に複数の実験から、人は顔に無意識に反応することがわかっています。ふだんの生活の中でも、相手の微妙な偽りや心の隙間《すきま》を、無意識に感じ取って反応することもあるでしょう。つまり、無意識のうちに相手の顔つきや表情・しぐさやそぶりを読み取り、そこに言葉にできない「空気」を感じているかもしれないのです。

アメリカでは、国政を左右する重要な選挙が、候補者の顔への一瞬の判断によって決定されてしまう可能性を示す研究が発表されています。私たちは知らないところで、顔に左右されながら社会生活を送っているようです。

どうでしょう、顔について、もっと知りたくなりましたか？

顔は、自分と社会をつなぐ接点ともいえましょう。顔がつくりあげる表情で感情や気分を伝達しあって、顔で他人を認識し、顔で自分自身を表現します。この本では、顔をめぐる不思議について、お話ししていきましょう。

# 目次

# 1章

# 顔は心の窓

## ──あなたの顔は，開かれていますか？

アルバート・シュヴァリエ・テイラー《鏡》(1911 年)

# 自分の顔は、好きですか

自分の顔について一度も考えたことがないという人は、少ないと思います。自分の顔立ちが少し違っていたならば、全く違う人生を送っていたかもしれない。そんな風に思ったことは、ないでしょうか。

哲学者のパスカルも、絶世の美女といわれたクレオパトラの鼻がもう少し低かったら、歴史は変わっていた、と語っています。一九世紀のアメリカの四人姉妹を描いた小説『若草物語』では、末っ子が低い鼻を矯正《きょうせい》するために洗濯ばさみを挟《はさ》んで寝るというエピソードがありました。微笑《ほほえ》ましいお話ですが、今ならば、整形手術となるのでしょうか。

そんなエピソードを見聞きするたびに、それほど顔は大切なのかと、考えさせられます。生まれ持った顔はその人の運命、あるいは歴史までも変える力を持つのでしょうか。

みなさんの周りにも、積極的に顔をいじる人がいるでしょうか。整形までいかなくても、まぶたを二重にするシールを貼《は》ったり、眉《まゆ》を整えたりしていないでしょうか。その反対に、ナチュラル志向というか、親にもらった顔に手を付けるものではない、といった主張をする人もいるでしょう。

心が成長して自我が芽生えると、他人の容姿が気になりだすものです。自分の容姿は、さらに気になることでしょう。服を着がえるように顔を変えられたら、どんなにか自由で気楽でしょうか。

でも、それは絶対に無理なことですね。顔は自分を表現する標識でもあり、「私の表札」みたいなものです。ころころ着替えていたら、誰にも「私」をわかってもらえません。「私らしさ」がなくなってしまいます。

一方で顔は、年齢により変化します。白雪姫の童話では、継母《ままはは》が「世界で一番美しい女性」として鏡に映る自分の姿を見続けていたのに、ある日それが娘の白雪姫に変わってしまったことが、悲劇の発端《ほったん》でした。無情なことに、美しい顔も、いつか色あせるのです。こうした変化を受け止めることは、大変なことなのです。

白雪姫の継母が自分の美しかった姿を追い求めるのとは対照的に、若いみなさんは、大人へと変化している自分を誰よりも先に感じ取っているといえましょう。毎日鏡を見ている自分こそが、変化の兆候《ちょうこう》を感じることができるのです。その一方で、親や周りの大人たちが、変化した自分を一人前に扱おうとしないことに、いらだつことはありませんか。周りの大人たちはむしろ、みなさんの中に、みなさんの幼い頃の姿をいつまでも追い求めているのでしょう。

老化する変化と成長する変化、どちらの変化も、気持ちが追いつくのは大変なのです。その傾向は大人になるほど、強くなるともいえます。

一般的な傾向として、人は古いものに固執《こしつ》するところがあります。これは「親近化選好《しんきんかせんこう》」と呼ばれ、慣《な》れ親しんだ古いものを好み、そして逆に、新しいことは受け入れ難くなるのです。ちなみに赤ちゃんは、大人とは逆の「新規《しんき》選好」という新しいもの好きの性質をもっています。つまり親近化選好は、赤ちゃん流の新規選好から脱却した成長の証《あかし》ともいえるのです。したがって、大人になるほどこの傾向は強い可能性もあります。この親近化選好は見る基準を作り、顔の好みにも大きくかかわるので、2章と6章で詳しく説明しましょう。

どれだけ敏感に変化を受け止められるかは、顔を見る別の特性ともかかわっています。同じ顔を見続けると、その顔の見方はゆがむことが実験からわかっています。実験でのゆがみはたった数分でも生じました。鏡に映る自分の姿をながめるだけでも、見方はゆがむかもしれません。つまり、毎日自分の顔を見続けている人たちは、自分の顔に過剰《かじょう》に敏感ともいえるし、自分の顔をゆがんで見ているともいえるのです。

成長を待ち望んでいる若い人たちの場合、自分の成長に人一倍敏感であるともいえましょう。そして年をとった白雪姫の継母の場合はむしろ、長年見続けた昔の自分の顔のイメージを求め続けている可能性があるのです。違う方向ではありますが、いずれの場合も、自分の顔を見るゆがみとつながるように思います。

人は結局、自分の顔を正しく見ることができないのです。写真に写った自分の顔を見て、違《い》和《わ》感《かん》を持ったことはありませんか。よくよく観察してみると実感できることですが、鏡に映る自分の顔と写真の顔は、違って見えます。

いつも鏡に映る自分の姿を見つめて自己満足に浸《ひた》っている人たちにとっては、なんと皮肉に満ちたことでしょう。一番気になる自分の顔を、私たちは自分自身の目で、きちんと見ることはできないのです。

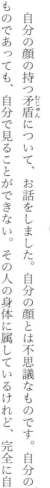

# トクをするのは、どんな顔？

自分の顔の持つ矛盾《むじゅん》について、お話をしました。自分の顔とは不思議なものです。自分のものであっても、自分で見ることができない。その人の身体に属しているけれど、完全に自分のものとは言い難いところがあるようです。

それでは、顔は、誰のものでしょうか。その顔をちゃんと見て大切にしているのは、むしろ他者ではないでしょうか。アイドルの顔写真がファンの人たちに大切にされていたり、子どもの顔写真を親が携帯電話の待ち受けに使っていたり、亡くなった大切な人の顔写真が写真たてに飾られているのを見ると、顔は自分以外の人のためにあるもののように思えます。顔が誰かのためにあるとしたら、なおいっそう自分の顔は気になるといえるでしょう。

その一方で、顔を気にすることは、やはりどこか浅はかだとも思えます。顔に振り回されるなんて、ほんとうにばかばかしいと思わされます。それでも、顔で得をする人を、あちこちで目にすることがあるでしょう。そんな様子を見ると、なんとも複雑な気持ちにさせられます。

学校の中でも、美人や美男子は、パッと目立ちます。それだけで、同級生や先生から一目《いちもく》置かれているような気がして、得をしているように思えてなりません。

ですが実際のところ、美人や美男子はそれほど得をするものではないことが、社会心理学の研究からわかっています。良くも悪くも美人や美男子は目立ち、「美人や美男子は、よい人であるのが当たり前」という先入観が強く植えつけられるからです。その先入観による呪《じゅ》縛《ばく》に悩まされ続けるのが、美人や美男子の運命ともいえましょう。よい人を前提として評価されるため、よいことをしても当然だということになります。逆に少しでも悪いことをすると、極端にマイナスに評価されることにもなります。「やっぱり、美人は性格が悪いね」となってしまうのです。

みなが同じように持って生まれた顔なのに、それで損したとか得したとか評するのも、おかしなことに思えます。自分の顔についても、「なんで、こんな顔なのだろう」と思うこともあります。考えてみれば、それも変な言いぐさです。

そもそもなぜ、顔を比《ひ》較《かく》したりするのでしょうか。自分の顔が理想とは違うと思うとき、それはいったい、どんな顔と比較していたのでしょうか。実はこうした行動は、私たちが顔を記憶するメカニズムと関係している可能性があると思います。

実際のところ、それぞれの顔には大した違いはありません。たとえば身近にいるイヌやネコを考えてみましょう。犬種や柄《がら》でそれぞれの個体を区別できたとしても、顔だけで区別することは、飼い主でない限りは難しいです。しかも、顔だけでイヌやネコの魅力のランキングを付けるのは、相当難しいですね。

人の顔も、これらと同じくらい、似たもの同士の集まりにすぎません。その一方で、私たちの暮らしている社会では、たくさんの人の顔を覚えていることが当然とされています。学校の外で親しい友人や担任の先生にばったり出会って、そしらぬふりで素通りすると、後で相当気まずい思いをしますよね。しかし、こうした状況でさりげなく挨拶《あいさつ》できるのは、相手の顔をしっかり覚えているからこそ、できることです。

顔を覚えていないと、この社会で暮らすうえでは相当に大変な思いをします。ところが実は、人口の二%程度の割合で、顔の区別がつかない人がいるのです。こうした人たちは、様々な困難に見舞われることになります。会社では、上司の顔を覚えていないと大変です。

部長への電話を受けて、当の部長が隣の社員と立ち話をしているその横で、「部長は席を外していて不在です」と言ってしまったら、どうでしょう。人の顔がよくわからない社員は、席にいるかどうかでしか、部長の不在を確認することができないのです。

私たちは、同じように見えるはずの顔を、細かく区別できるのです。とても不思議なことで、まるでそれは、顔同士の細かい違いをズームレンズで拡大して見て比較しているようなものでもあります。それぞれの顔の特徴の違いを強調して、一所懸命覚えるようにできているのです。

これほどまでに人の顔を細かく区別できるのは、比較による学習のなせるわざです。社会の中でうまくやっていくために顔を覚える、そのため知らないうちに顔を比較しているのです。

つまり、顔を見ると比較する。その癖《くせ》が、他人の顔でも自分の顔でも、なんであれ人の顔であったら自動的に比較してしまう、ついでに評価してしまう行動へと導いていると考えられるのです。

ここで美男・美女の問題に戻りましょう。美男・美女は目立つとしても、実際のクラスの人気者は、案外別の人の場合が多いのではないでしょうか。結局のところ人気者は、ムードメーカーだったり、やさしい癒《いや》し系の雰囲気がする子だったりするのではないでしょうか。顔立ちがそれほど目立つことはないけれど、気安く話ができて、時間がたつうちに人気を獲《かく》得《とく》していく人物もいるでしょう。

ではそれはいったい、何によって決まるのでしょうか。

そこには、表情というマジックが関係しているのです。つまり顔は、土台プラス表情の変化なのです。

ふだん華やかに見える女性が、たまたま無表情でいるときに、意外に無骨な顔をしているように見えたり、全く違う印象に見えたりしたことはないでしょうか。あるいは、写真に写った自分の姿が、同じ自分の顔なのに、時には気に入ったり、時には気に入らない顔だったりするのはなぜでしょう。緊張したり油断したりして、「変顔」に写っていることもあるでしょう。自分らしくない表情の時も、あるでしょう。

そこにいくとプロのカメラマンは、モデルをリラックスさせて、「その人らしさ」を引き出すことに長《た》けています。その人らしさとは、その人の持つ独特の表情が伴った顔をさします。表情は、大切です。こうした表情をうまく使いこなす人こそが、好まれる顔を演出しているともいえるのです。

## 鏡ではわからない自分の顔

表情の大切さがよくわかったと思いますが、ではどうすればよい顔をつくり出すことができるでしょうか。家を出るときに鏡と格闘《かくとう》して、一所懸命に顔をつくったりする人もいるでしょう。ですが先にも話をしたように、鏡で見る顔は、要注意です。

ここで一つ、簡単な実験をしてみましょう。イギリスの顔研究者、ペレット教授の研究です。図にある二つの顔を、見比べてみてください(図1-1)。どちらの顔が、より女性らしく見えるでしょうか? 二つの顔の印象の違いは、はっきりとわかると思います。

まったく違う印象に見える二つの顔ですが、実は同じ写真を左右反転しただけなのです。どうでしょう。左右を逆さにするだけで、こんなにも顔の印象が変わるとは、驚きではないでしょうか。左右を逆にする効果は大きく、それは鏡に映る顔が見られる顔とは違うという

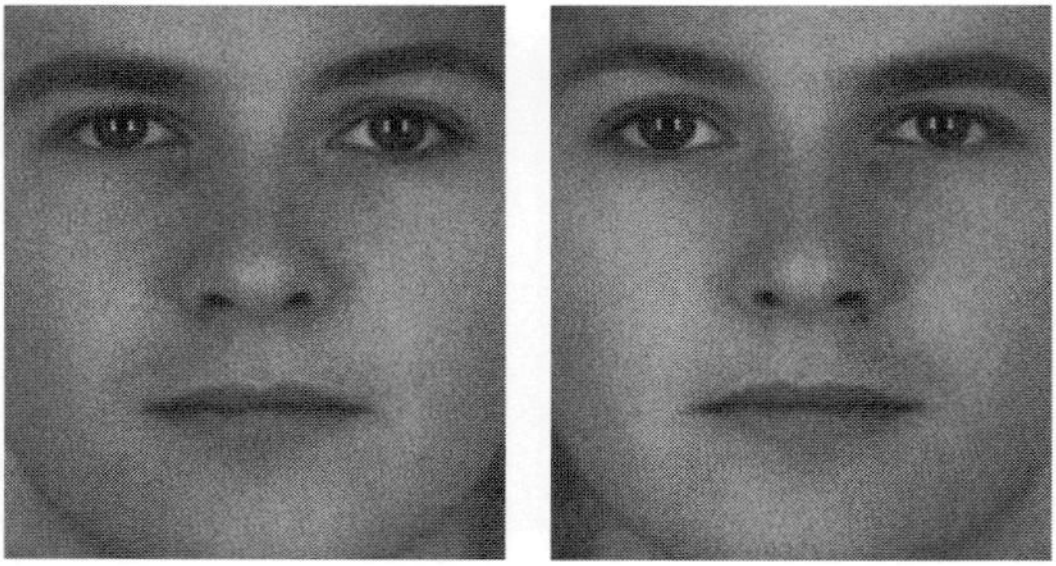

図 1-1　どちらの顔が「女性らしく」見えますか？
この写真は，女性と男性の顔を真ん中でくっつけて，左右逆さにしています．どちらも同じ顔のはずなのですが，顔の左側が女性だと，女性らしく見えます．謎解きは，本文にあります．

ことにも、つながるのです。

これらの顔には、もう一つ隠された秘密があります。実はこの顔、顔の真ん中で二つの別の顔をくっつけています。片側が女性らしい顔、もう片側が男性らしい顔です。左の写真は、向かって左側が男性らしい顔で、右側が女性らしい顔となっています。右の写真は逆に、向かって左側が女性らしい顔で、右側が男性らしい顔となっています。

左右で男性と女性をくっつけているから答えは半々で、女性らしいという正解はないはずです。しかし大半の人は、右の顔を女性らしいと答えます。つまり、向かって左側にある顔が印象を決定しているということがわかります。

劇的に見方を変える鍵《かぎ》は、顔を見る脳の働きにあります。顔を見るときによく働く部位は、脳の右側にあるからです。そしてややこしいことに、左右それぞれの脳には、目の前の視野の反対側の映像が入っていきます。つまり顔を見るときに活躍する右脳は、視野の左側に見える顔を分担しているのです。左側に見える顔が、顔を担当する脳に影響を与え、印象を強くつくり出しているといえるのです。

研究者によってわかりやすくつくられた写真で見られるこの現象ですが、ふだんの生活でも同じようなことは起きていると思われます。そして目の前の左側に見える顔は、ふだんの生活では顔の右側ですが、鏡の顔では左側となってしまいます。鏡は顔を左右逆転させて映し出すため、印象が強い顔が左右逆転するのです。そのため鏡の顔は、印象が違って見えると考えられるのです。

鏡を見てチェックする自分の顔は、みなに見られている顔とは違うものだといえるでしょう。先にも述べたように、自分の顔は、実際には見ることはできないのです。しかも実際の顔はしじゅう動いていて、さまざまな表情に変化する顔を見られているわけです。それだけでも、鏡を前にポーズをつけて映し出された顔と実際の顔は、印象はまるで異なるといえるでしょう。

今日の自分の顔がよいかどうか、正しく判断する方法はないのでしょうか。これには、発想の逆転が必要でしょう。「顔は社会の中にある」、それがヒントです。

その答えは、自分ではなく、周りの顔をチェックすればよいのです。人は顔と顔で、つながっています。こちらがよい顔をしていれば、相手もきっと、よい顔をしているはずです。そしてそれこそ人を不快にさせるような顔をしていたら、相手の顔からわかるはず……。周りがどんな顔をしているか、よい顔をしているか、ときどき観察してみることも必要かもしれません。

## 「うまくいかない顔」と、どうつきあうか

これまでの話で、少しずつ顔の本質がわかってきたのではないでしょうか。

顔とは、性別や年齢を知るものであり、その人が誰かを知るものであり、表情によって自分の今の状態を伝えるものでもあります。そしてそれだけでなく、私たちは顔でつながります。相手の様子をうかがい、自分の状況を伝え合うことによって、社会を構成して、それぞ

れが仲間うちでうまくいっているかどうかを探り合う、手がかりにもなるのです。

顔を知って、顔をうまく使いこなしてもらいたい。それがこの本の目標です。この本の目標を示す本章の最後として、逆の方向から考えてみることにしましょう。「うまくいかない顔」とは、どんな顔なのでしょうか。

社会でうまくやっていくことは、なかなか難しいことです。身近な話では、クラスの仲間と仲良くやっていくことも、なかなか難しいことです。ほんの小さなことから、すれ違いは生じます。人を気にしすぎていませんか。相手と目を合わせて、話すことができていますか。顔は、自分の表現でもあります。よい顔とは、自分をうまく表現していることをさします。そのためには、自分の顔が好きになることも必要かもしれません。

今度は、周りを見回してみましょう。クラスの集団からだんだんと遠ざかってしまう子はいませんか。どうして孤立《こりつ》することになるのでしょう。どういうところが、問題となるのでしょうか。相手の意図が読み取れずに、外してしまう。他者とうまくつながりをつくることができない。そういう人たちもいるのです。先に話したように、顔や表情を見る能力の得意・不得意は大きな問題かもしれません。

最近の研究から、顔を見る能力にはばらつきがあり、みなが当然のように持っていると思われていた顔を見る能力を、生まれつき持たない人がいることがわかってきました。こうした人たちは、クラスメートの顔を覚えられなかったり、他人の表情を読めなかったりするようです。それも学校のような集団生活の中では、問題の種となるでしょう。努力しても人の気持ちを読み取るのが苦手な人がいるわけで、それは決して悪気があってやっているわけではないようです。

動物でも、孤立する個体はいます。変わった個体や弱い個体をはじくことは、野生の動物に観察することができます。異質なものの排除は、遺伝子《いでんし》の均一性を保つ仕組みからきていることなのです。

しかしこの点で、人間と他の生物との間には一線を画する違いがあるのではないでしょうか。動物は本能から食べ物や縄張《なわば》りをめぐって争いを繰り広げますが、人間は知恵を使って社会や文化をつくりあげ、こうした争いから逃れることもできるのです。

それでも私たちの中にも、生物としての本能が残っています。生物の本能として、つい誰かを拒絶《きょぜつ》したくなる気持ちがわくこともあるでしょう。でもこの本能に従うことは、とても危険です。

　なぜなら社会や文化を構築した人間には、より繊細にそして敏感に相手の違いを読み取る能力があるからです。相手の表情や反応の仕方に、ちょっとした違和感を持つこともよくあることかもしれません。しかも人間は他のどの動物よりも、この違和感に敏感なのです。そうなると、どの動物よりもとても多く、軽い拒絶反応が起きることになります。この過剰な反応に安易に従うと、たくさんの人たちを意味なく拒絶して傷つけることにもなりかねません。

　ですが、ある個体を拒絶することがたとえ生まれつきの本能にあったとしても、人間には変える力があります。自身の感覚に振り回されるのではなく、知識と頭を使って冷静に事態を考えてみてはどうでしょうか。結果としてそれが、みなのよい顔につながることになることでしょう。

# 2章

# コミュニケーションとしての顔

## ──社会性とは何だろう？

ソフィー・アンダーソン《笑っちゃいそう》(1857年)

# 第一印象の魔法

友達を目の前にして、相手を気にせずに自分のペースで延々としゃべり続ける人は少ないと思います。その一方で、講演会のように大勢を目の前にして話をしようとするときは、こうした態度も必要です。

たくさんの人の前で話をしなくてはいけないとき、多かれ少なかれ、誰でも緊張します。どうにか落ち着いて舞台に立っても、目の前に並ぶ聴衆の顔を見ると、胸がドキドキします。そんなときには、「目の前にいるのは、人ではなくて野菜だ」と思うと、不思議とうまくいくことがあります。

そもそも話をするだけならば相手の数の多少は関係ないはずですが、私たちはどうしても相手の顔を見て話をし、相手の顔から様子をうかがおうとするのです。人間は、進化の過程で言葉を獲得《かくとく》し、言葉を使うことによって意思の疎通《そつう》ができるようになりました。ですが、人と人のつながりは、言葉だけではないことがわかります。

私たちは目の前の人の反応が気になりますが、気になる人の数があまりにも多くなると、対応しようがなくなるようです。それでも、大勢の中に見知った顔があると、ほっとします。いかつい顔ばかりが並んでいると緊張しますが、自分の話に笑ってくれた顔を見ると、安心できます。

私たちが気にしているのは、顔なのです。

たくさんの見知らぬ人々がごったがえす入学式の中で、誰に声をかけようかと迷うとき、決め手となるのは姿形《すがたかたち》や顔ではないでしょうか。なんとなく優しそうな人は、声をかけやすいでしょう。怖そうな顔をしている人には、声をかけづらいところがあります。

新学期で新しい担任の先生が紹介された時には、不安と期待で胸がいっぱいになります。どんな先生かが何より気になるところですが、男の人か女の人か、何歳くらいか、厳しそうな先生か、優しそうか……などなど、相貌《そうぼう》から読み取ろうとしませんか。

こんな実験があります。アメリカのプリンストン大学のトドロフが大学生相手に行った、候補者の顔や風貌《ふうぼう》だけで、選挙結果がわかるという衝撃《しょうげき》的な実験です。

実験はアメリカの上院議員と州知事選挙を目前に、計画されました。各地域の候補者の中から当選確実とされた候補者を二人選び、それらの顔をペアで並べて、短時間で「どちらが有能か」を判断させたのです。実験は選挙前に行われ、学生が知らない地域の候補者を選んで行われました。つまり顔以外の情報はまったくないところで、学生たちは判断したのです。数週間後の選挙の結果と実験の結果とをつき合わせると、有能さの判断からおおよそ七〇％の確率で当選の予測ができることがわかったのです。

ついでに隣の国の選挙も予測できるかも調べられました。メキシコ人の選挙候補者を、アメリカの大学生に判定させるのです。ちなみにメキシコ人にとっての有能な風貌は、堂々とした体格の髭《ひげ》を蓄えた顔で、アメリカ人にとっての有能な風貌は、ハリウッド映画に出てくる弁護士やビジネスマンのように、もっと現代的でスリムな雰囲気です。見た目はぜんぜん違いますから、予測は難しいだろうと思われました。しかし意外にも、アメリカの大学生はメキシコ人の当落をも予測できたのです。

なんとも不思議なことですが、こうした判断には第一印象といいますか、瞬時の判断であることが、大事なようです。見て判断する時間が長くなると、選挙の予測確率は下がることもわかっています。顔の第一印象は、意外に力を持っていることがわかりました。次に顔を見る能力に迫ってみましょう。

## 「顔が見えない」人々

「顔を見る」という大切な能力は、脳の働きによって支えられています。それが顕著《けんちょ》にわかるのは、障害を受けた時です。

脳卒中《のうそっちゅう》や脳血栓《のうけっせん》などの脳血管の病気によって言語能力に障害を受けることは、比較《ひかく》的多く見られるようです。頭はしっかりしているのに言葉を使って意思疎通《そつう》ができない苦しみは、とても大きいものです。言葉を再び取り戻す、そのリハビリも大変です。言語に関する脳は、他人の言葉を理解することと、言葉を発すること、それぞれが別の脳の部分に分担されていて、言語のリハビリを専門とする「言語聴覚士《げんごちょうかくし》」という専門の職まであります。

言語を担当する脳は左側に位置しているのに対して、顔を担当するのは、先にも説明したように、脳の右側にあります。反対側にそれぞれ位置することから、言語と顔を見ることとは、対照的な能力であることがうかがえます。

言語の障害よりは少数派ですが、脳の損傷によって、顔を見る能力だけが障害を受けることがあります。とはいえ、口から言葉が出ないという、誰もが一発でわかる言語の障害とは異なり、顔を見る能力の欠損は、本人ですら、何が問題かわからない場合があります。

「人相がわからなくなってしまった」と、神経内科に駆《か》け込んできた患者さんがいたそうです。医師も心理士も話を聞いて、「人相ってなんだろう？ 占い師なのかな？」と頭を抱えたそうです。医師と患者の間に立ち、心理的な検査をして話を聞くのが心理士です。そこで心理士がじっくりと話を聞きだすと、お嫁《よめ》さんや息子さんの表情や顔の区別がつかなくて困っていることがわかりました。ご本人は、顔を見ることに能力が存在するなんて、まったく意識しなかったのでしょう。心理士が行ったテストによって、顔を見る能力に問題があることがはっきりしたそうです。

親しかったはずの人の顔が、どれも同じような風船が並んでいるように見えて、まるっきり区別がつかないと話す患者さんもいます。こうした人たちは、雑踏の中で、家族と待ち合わせをするのが怖いと訴《うった》えます。たくさんの人々の中から、妻や子どもの顔を見つけ出すことができないため、家族をがっかりさせてしまうことになるのです。出かける時に着ていた服の色や形を必死で覚え、服を手がかりに見つけ出すこともあるようです。このように、顔を認識できなくなる症状を、相貌失認《そうぼうしつにん》といいます。

殺人鬼に襲《おそ》われて相貌失認になった主人公を描いた、アメリカのサスペンス映画がありました。鏡を見るたびに、自分の顔が他人に見える恐怖、そして家族に相貌失認を悟《さと》られないため、ネクタイの柄で夫を覚えるというエピソードが印象的でした。このネクタイの柄を利用し、殺人鬼は主人公を誘いだします。わざと夫と同じ柄のネクタイを付けて、パーティー会場で待ち構えるのです。自分を殺そうとした犯人を夫と思いこみ、親しげに会話を続ける主人公の行動には、底知れぬ恐怖を感じます。

ですがここで私は、「この映画はちょっと違うな」と思いました。相貌失認がわからないのは、顔だけなのです。声さえ聞けば、相手が誰かがわかるので、ネクタイをすり替えた犯人は偽者《にせもの》だと、すぐに気づくことができるはずなのです。

# 顔を見ることと脳

「相貌失認」とは一般的な「失認」が、顔だけに特別にあらわれたものという意味でもあります。一般的な失認とは「物体失認」をさし、目や視力には問題がなく、線の傾きや方向がわかるのに、目の前にある物体を見ても、それがなんであるかがわからない状態です。目は見えているのに、それがなんであるかがわからないという点では、相貌失認と似ているのですが、不思議なことに、物体失認では顔が見え、相貌失認では物体が見えることがあります。たとえば物体失認者にトランプを見せると、それがトランプだとわかりません。それなのに、ジョーカーやクィーンの顔のあることは、わかるのです。相貌失認患者も見えないのは顔だけで、先に話したように、顔以外のもの、洋服やネクタイの色や柄はわかります。

顔を区別するのにかかわる脳の部位を、ここで図を見ながら確認しておきましょう（図2-1）。目で見た映像は、大脳の一番後ろに到達します。ここで線の傾きや方向といった、単純な情報が取り出されます。こうした視覚にかかわる単純な情報が統合され、脳の横側《おうそく》

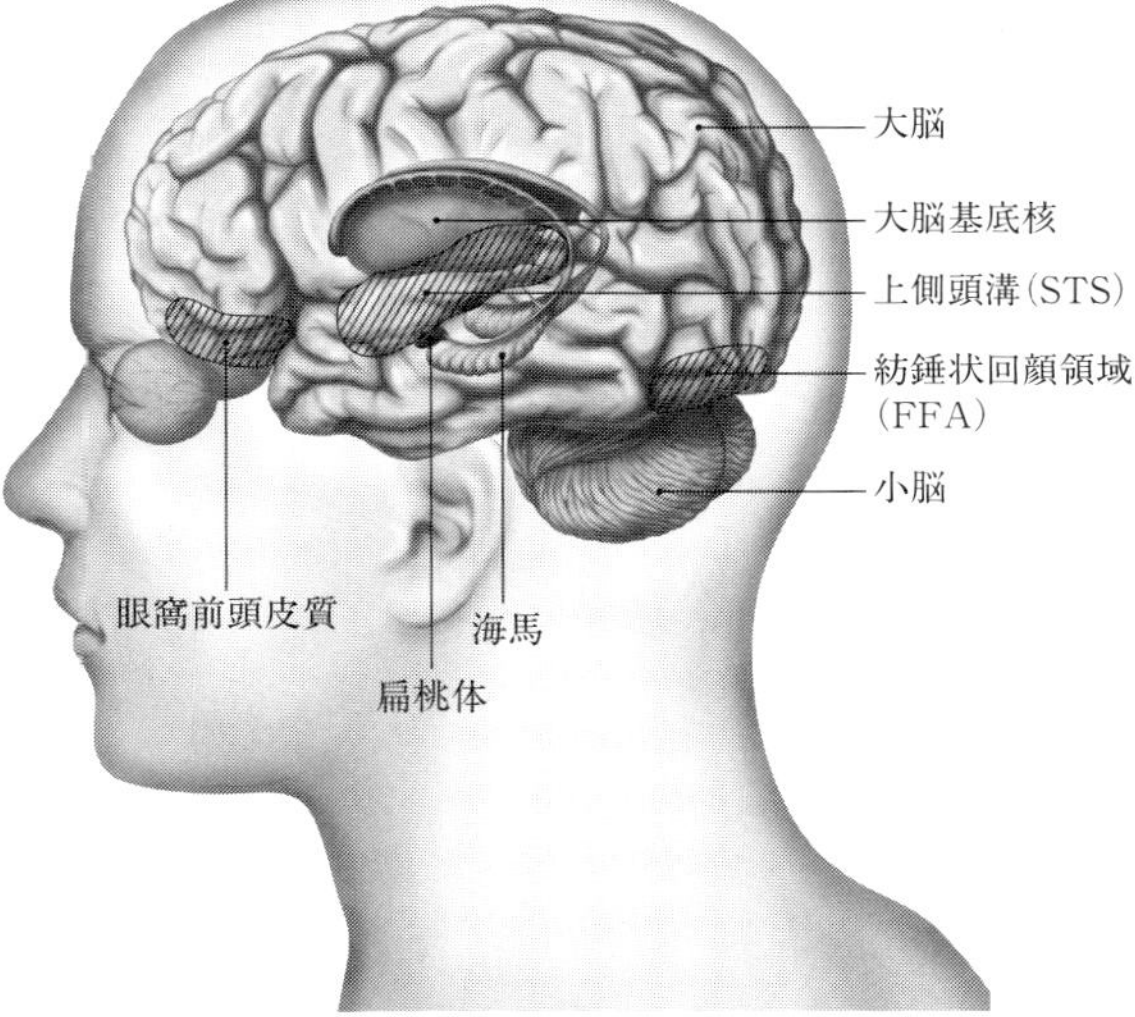


**図 2-1**　顔を見ることにかかわる脳の部位は，複数に分担されています．紡錘状回顔領域(FFA)は顔から人物を判断するとき，上側頭溝(STS)は表情や視線を見るとき，扁桃体は恐怖の表情に反応するときに働くといわれています．また，眼窩前頭皮質は笑顔や魅力的な顔に反応するといわれています．海馬は顔の記憶にかかわる脳の部位です．図 2-5 もご覧下さい．（イラスト製作：㈱レンリ）

(側頭《そくとう》)へと情報は流れていきます。

この脳の横側(側頭)は、物体を認識することにかかわる領域でもあります。顔を認識する部分は、この物体認識にかかわる側頭の脳の中でも特別な場所を与えられています。しかも複数の部位に分かれることがわかっています。顔の認識は、物体を認識することの一部ではあるのですが、さらに特殊化《とくしゅか》されているのです。

なぜなら顔については、非常にたくさんの情報を読み取らなくてはいけないからです。顔以外の物体であれば、トランプならトランプ、みかんならみかんで終わりますが、顔の場合は、それは誰の顔で、どんな人で、今はどんな表情か……様々な情報にあふれています。しかも顔は、感情に訴えかけます。親しい友達の笑顔を見て嬉《うれ》しい気持ちになったり、裏切られた知り合いの顔を見て嫌な気分になったり。これも顔以外の物体には、起こらない現象でしょう。顔を見る時、脳のさまざまな部分を活動させているのです。

顔から人物を判断するときに活動するといわれるのが、紡錘状回《ぼうすいじょうかい》顔領域(Fusiform Face Area：FFA)で、表情や視線を見るときには上側頭溝《じょうそくとうこう》(Superior Temporal Sulcus：STS)、感情をかき乱す恐怖の表情に反応するのは扁桃体《へんとうたい》とされています。顔を見るうえで一番大切なところが上側頭溝で、ちょうど耳の奥にあります。これまで話してきたように特に右側の活動が強いといわれています。ここに障害を受けると、相貌失認となるのです。

## 顔を見る脳、その成り立ち

こうした「顔の特別待遇」の理由には、人の脳は生まれつき顔を見る能力を持っているためだという説と、たくさんの顔を見るからだという説があります。

人は生まれつき顔を見る能力があるというのは、間違いがないようです。筆者の研究室では、赤ちゃんの顔を見る能力を調べています。一緒に研究をしているイタリアの大学は、新生児の実験を続けるユニークな研究室です。産婦人科の病院の中に実験室を持っていて、出産を終えたお母さんの許可が下りれば、いつでも実験できるのです。おおらかな、イタリア独特の雰囲気を持った研究室だと思います。

生まれたばかりでほとんど人の顔を見たこともない赤ちゃんでも、顔を見せると好んで見ることは、一九七〇年代に発見されました。生まれたばかりは視力が悪いので（〇・〇二程度

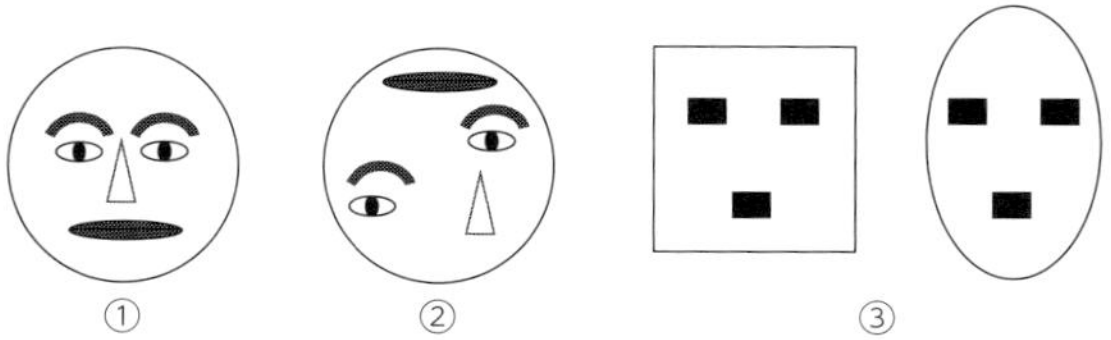

図 2-2　生まれたばかりの赤ちゃんでも顔がわかり，注目します．①には注目しますが，②には注目しません．目鼻口の部分よりも「配置」が大切で，③でも注目するのです．

しかありません）、実験にははっきりした線で描かれたシンプルな顔のイラストが使われています。顔のイラストなら好むけれど（図2-2①）、目鼻口をバラバラにした福笑いのような顔では好まないことから（図2-2②）、赤ちゃんは顔そのものを見ているのだと解釈されました。

さらにイタリアのグループは、目鼻口の配置が大事で、並んでいるものはなんでもよいことを発見しました。図2-2③にあるように、顔や目鼻口の形は丸でも四角でも、上の方にたくさんで下に一つという、顔っぽい配置が重要なのです。そのように並んでいれば、顔とみなされるのだというのです。目鼻口の形は、どうでもよいということで、驚くべき発見でした。

これはとても面白い発見で、なぜなら私たち大人にも、同じようなところがあるからです。二〇年ほど前に、人間の顔に似た模様のあるコイが「人面魚」と呼ばれて、大変話題になりました。それも、そのひとつでしょう。

家や花やさまざまなところに、顔を見つけて楽しむこともあるでしょう。顔ではないところに顔を見出すことは、「パレイドリア」とか「シュミラクラ」といった名前が付けられています（図2-3）。世界中の人たちが集めた画像を楽しむインターネットのサイトもあれば、本として出版もされるほどの人気です。

パレイドリアのポイントは、目鼻口の三点の配置です。それが目や鼻や口でなくても、この配置にあれば顔として見えてしまうのです。木のうろや壁のシミなどに顔が見えて、そこに人がいるように思えてしまうのも、このせいではないかと考えられています。

目鼻口の配置を基準に顔を見ることは、生まれつき備わった性質といえるのです。これをもとに、周囲に顔を探し出してたくさん見て、顔をたくさん学習することにつながるのです。

赤ちゃんはお母さんの顔を、生まれてから二日ほどで好むといわれています。ただし、この時期の顔を見る能力はまだ不十分で、スカーフで髪型を隠すとわからなくなります。大きくなってもそんな調子で顔を見ているとしたら、大変なことになるでしょう。帽子をかぶったから、髪型が変わったから、友達の顔がわからなくなったと言っても信じてもらえないでしょうし、気まずい思いをすることになるでしょう。

生まれてから八か月ほど過ぎると、顔を見る能力はほぼ大人と同じように成長していきます。筆者の研究室では、顔を見ると活動する脳の右側頭の活動も、この時期にすでにみられることを発見しました。赤ちゃんが言葉を発するのがおおよそ二歳くらいであるのと比べると、顔を見ることの発達は早いことがわかります。

顔の学習は、顔の配置を見つけてたくさん見ることによって成り立ちます。その際の対象は、顔でなくてもよいはずだと主張する研究グループもいます。たとえば犬や牛のブリーダーや車のセールスマンなどが、同じ種類の犬や牛や車をたくさん記憶することも、顔の学習と同じだとの主張です。脳の中の顔に特別な領域は、顔だけに特別ではなく、似たような対象を記憶する際に使うのだというのです。

彼らの実験では、バードウォッチャー(野鳥観察者)が様々な種類の鳥を見る時にも、顔を見るときに活動するのと同じ脳の反応がみられることがわかりました。また、相貌失認になった際に、顔を見る能力だけでなく鳥を区別する能力も失った症例もあったといいます。

図 2-3　パレイドリアの例．さまざまなものに顔を見つけるポイントは，目鼻口の配置です．身の回りのたくさんのものに顔を見つけて楽しむことができます．

①16 世紀のイタリアの画家，ジュゼッペ・アルチンボルドの作品

②日本の浮世絵師，歌川国芳の作品

③クルミの木の冬芽と葉のついていたあと

④エイの干物．「目」に見えるのは鼻の穴．本物の目は裏面にある．（写真提供：マリンワールド海の中道）

## 顔認識は三〇歳まで成長し続ける

こうしたことから、顔を見ることには学習も重要であることがわかります。

顔の学習は、なんと三〇歳になるまで続くともいわれています。とても長い学習であることが、わかります。ただし、淡々《たんたん》と学習が続くだけではなく、重要なターニングポイントがいくつかあるようです。それは、先の生後八か月と、その次が学童期、思春期、そして最後が三〇歳です。

それぞれの時期でなにが変わるかというと、本人にとって大切な対象、記憶しなくてはいけない対象が切り替わることでしょう。赤ちゃん時期では、大切な顔はお母さんや家族でした。それが小学校に上がれば、クラスメートや友人に変わります。思春期になれば異性のパートナー、その後は家族を持てば家族に、大切な対象と状況は刻々と変化していきます。さまざまな顔と出会い、その状況が変わっていくことが、成長のポイントなのかもしれません。

これらの大切な対象とは、感情的な結びつきが強いということが重要です。それは先に紹介した、脳の中の扁桃体による働きによります。扁桃体は恐怖に反応しましたが、大切な対象から裏切られたり、傷つけられたりすることは、大きな恐怖のひとつなのです。

勘《かん》のいい人は、気づいたかもしれません。幼い頃には家族に、大きくなれば仲間に、成長するとパートナーに、裏切られたり傷つけられたりすることは、大きな恐怖となります。それは決して小さな問題ではなく、脳に深い傷をつけることが、わかっています。

新聞やテレビでも話題となる、虐待《ぎゃくたい》やいじめ、信頼するパートナーからの暴力、これらには扁桃体が強く反応するのです。PTSD(心的外傷後ストレス障害)という言葉を聞いたことがあるかもしれません。強い精神的な衝撃《しょうげき》を受けることによるストレス障害で、児童虐待やいじめ・いやがらせ(ハラスメント)などの原因でも生じるといわれています。

ハーバード大学医学部や東北大学医学部の研究から、こうした心理的反応は、脳の過剰《かじょう》反応や傷と関係していることがわかっています。ハーバード大学の研究ではボランティアで集まったたくさんの人たちの脳活動を計測して、その過去の経験の調査から、さまざまな時期のさまざまな心的ストレスにより、脳の特定の部分の容量や神経細胞の結合に問題が生じることを突き止めました。

耐《た》え難い状況にさらされ続けると、扁桃体とその周辺の脳に傷をつけてしまうだけでなく、扁桃体が過剰に反応し続けることになったり、扁桃体の大きさが小さくなったりすることもあるのです。

これらの影響は、成長に伴って変化していくことにも、注意しておく必要があります。扁桃体は、思春期まで成長し続けるといわれています。そのため扁桃体が成熟していない思春期では、恐怖を感じにくいこともあるそうです。恐怖感が薄まっていたら、命の危険にもつながる危ない行為をしてしまうとか、喧嘩《けんか》の相手を死に至るまで傷つけてしまうとか、大人が思いつかないような行為に走ることにもなりかねません。脳の発達の上ではまだまだ未熟な状態で、そんな時期に互いに傷つけあうことは、後々になって取り返しのつかない後悔につながることにもなりかねないということを、心にとめておきましょう。

では、大人になるまでに、いったいどれくらいの数の顔に出会って心に刻みつけることになるのでしょう。毎年新しく出会うクラスメートなどは、顔と名前を一致させて記憶します。その数は、毎年五〇人くらいになるでしょうか。クラス以外の人たちでも、なんとなく同じ学校の人だと記憶の片隅《かたすみ》にあるのではないでしょうか。出会ったときに、直感的に感じる

「知っているな」と思う既知感《きちかん》、この感覚が顔を覚えることには大切なのです。

たとえ名前は覚えていなくとも、この感覚にひっかかる顔の数は、膨大《ぼうだい》な数になるでしょう。おそらく一〇〇〇の桁《けた》の数になるかと思いますが、その数がどれくらいになるかは、その人の出会い方次第かもしれません。研究者の間でも、顔はいくつまで記憶できるかについては、はっきりとはわかっていないのです。

いずれにせよ、圧倒的にたくさんの数の顔に出会っていろいろと感情を動かされる、それがとても大切なことなのです。

## 顔を見ることの不思議

大人になって、何十年も会っていなかったクラスメートに再会するとしましょう。クラスメートの顔と名前を思い出すことは、できるでしょうか。旧友に出会ってはっきりと名前を思い出せなくても、なんとなく懐かしいといった、独特な感情を抱くことはありませんか。

それは顔を見ることの大切な、そしてもうひとつの側面でもあります。

実は顔を見る能力を失った先の相貌失認患者でも、こちらの能力は保持していることが、実験によって明らかとなっています。患者は「誰だか判《わか》らない」と主張していても、嘘《うそ》発見器にも使われる皮膚《ひふ》電気反応を使ってみると、知り合いの顔に反応することがわかったのです。皮膚電気反応は、嘘をついたときに汗をかいて反応する、そんな潜在的《せんざいてき》な反応を取ることができるのです。もちろん嘘だけでなく、懐かしいといった感情にも敏感に反応します。

つまり、意識の上では「妻の顔」「子どもの顔」と判断できなくても、親しい人たちの顔を見ると、身体が反応し、そこから潜在的な意識として感じている可能性を意味するのです。

では、この潜在的な顔を見る能力だけを失ってしまったら、いったいどんな事態となるのでしょうか。そのヒントになるのは、相貌失認とは反対の状況にある、カプグラ症候群《しょうこうぐん》の患者です。これまでカプグラ症候群は、強い妄想《もうそう》を持っていると思われてきました。患者は、親しい家族や友人たちが、瓜二《うりふた》つの替え玉になってしまったというのです。

ところが皮膚電気反応を調べてみると、身体的な反応に問題があることがわかったのです。実験で親しい人たちの顔写真を見せると、カプグラ症候群の患者たちは正しくそれが誰であるかを答えることができました。しかし通常起こるはずの皮膚電気反応が、一切みられなかったのです。

これは相貌失認とは、まったく正反対の状態です。意識の上では、それぞれの人の顔を認識できるのですが、それに対する潜在的な感覚が伴わないので、違和感《いわかん》や拒否感を持つのでしょう。大切な人の顔を見て、懐かしい感情がわかないのは、とてもつらいことです。自分の大切なものを失ったような気にもさせられることでしょう。そんなつらい心の状態を隠すために、「宇宙人にすり替えられた」などと理解し難い状況に置き換えて解釈していることもあるようです。

## どこにでも顔が見える！

認知症の患者さんの中にも、顔を見る能力がおかしくなってしまう人たちがいるようです。加齢に伴う認知症には、よく耳にするアルツハイマー型以外に複数のタイプがあるのですが、一九七六年に日本で発見されたレビー小体《しょうたい》型認知症は、特徴的です。この認知症の特徴は、ベッドの上に子どもがいるとか、ポケットの中に小人がいるといった幻視《げんし》が見えること、妄

図2-4　ルビンの杯．真ん中に注目すると杯に，横に注目すると二つの横顔に見える，「図地反転」を起こす「曖昧図形」です．ふつう人は真ん中に注目するので「杯」のかたちを認識しやすいのですが，周辺にあっても「顔」は注目を集め，「杯」と同じように認識することができます．

想があらわれることだといわれています。

　こうした患者さんに、顔を見る実験を行ってみました。先のパレイドリア（図2-3参照）で説明した、顔ではないところに顔を発見する能力を調べてみたのです。実験では、誰でも顔を発見できるパレイドリアの図と、誰が見てもどこにも顔が見えない図を見せました。

　すると、パレイドリアの図に顔を発見することは、健常の人と変わらないことがわかりました。ところが、誰が見ても顔に見えない図にも、どんどん顔を探し出していったのです。

　しかも、子どもの顔、男の顔、女の顔、動物の顔、犬の顔……と、どんな顔なのかも話題豊富に語りだすのです。一般的には、仮に顔が見えるとしても、どんな顔であるかまでは、これほど豊かに認識できないのではないでしょうか。

レビー小体型認知症患者は、顔が見えすぎて、想像力豊かにどんな顔かまでも認識してしまう傾向にあることがわかったのです。彼らの妄想の原因は、顔が見えすぎることにあって、言ってみれば、顔を検出する装置があちこちに誤反応している状態だったのです。

もともと、顔は注目を集めやすい性質があります(図2-4参照)。また、健常者でも時と場合によって、似たようなことが起きている可能性があります。肝試《きもだめ》しをしたり、有名な心霊《しんれい》スポットに行ったり、お化け屋敷に入ったりと、恐怖心があおられるようなときに、幽霊を見たと騒《さわ》ぎ出す人はいませんか？　それは、怖がりの人ではないでしょうか。

これには、恐怖の感情を司《つかさど》る扁桃体がかかわっていると思われます。恐怖心を司る扁桃体が過敏に反応することによって、顔をみる装置が誤反応を起こしたのかもしれません。そのため、見えないところに顔を見出し、それを幽霊だと結論づけてしまうのでしょう。

## 顔を見る仕組みと学習

ところであなたは、顔を記憶するのは、どれくらい得意ですか？

たとえば、雑踏《ざっとう》の中でさまざまな人とすれ違ったとして、その中から昔のクラスメートを探し出せるでしょうか？　私の友人に、新宿駅の改札口の雑踏の中から、二〇年近くも前のクラスメートを見つけ出せる人がいます。その中には、ほんの一年くらいしか一緒にいなかった人もいて、声をかけて本人かどうかを確かめたといいます。

飛びぬけた顔を見る能力だと思いますが、本人によると、それくらいできて当たり前と思っていたとのこと。特別な訓練を受けたわけでもなく、特殊《とくしゅ》な仕事をしてきたわけでもないのです。このウルトラ級の顔記憶術を職業に生かして、バリバリと営業で働いているわけでもないのです。

このように特別な能力を持っていても、役に立たないこともあるようですが、職業によっては、顔をしっかりと記憶することが要求されます。接客業や営業職では、お客様や取引先の相手の顔や名前を記憶することが、大切な仕事のひとつとなるでしょう。一度会っただけの顧客の顔や名前を覚える、優秀なホテルマンもいます。いったい、どのようにして、こうした技術を磨《みが》くことができるのでしょうか。

研究をたどってみると、さまざまな人の顔をたくさん記憶するというのは、それほどなまやさしいことではないことがわかります。学生時代に覚えるのは同級生の顔ですが、社会に出ると、たくさんの年齢のさまざまな顔に出会い、記憶にとどめなくてはいけません。それは、なかなかハードルが高いことなのです。

顔を見る能力は、よく見る顔に特化するからです。外国人の顔を区別する時に、実感することもあるでしょう。外国映画を観るとき、有名なハリウッドスターならばすぐに誰だかわかるとして、名前の知らない脇役《わきやく》の俳優の顔は、わかりにくいものです。シーンが変わって、ついさっき見たのとは違う服を着て登場されると、誰だかわからなくなったりはしませんか。

それは、「顔認知の異人種効果」という現象で、これまで学習してきた顔の種類によるものです。たとえば日本の中で生まれ育つと、大きくなるまで、身の回りにいる日本人の顔ばかり見て育つケースが多くなります。そして顔を見る能力は、よく見る顔に調整されていきます。1章で紹介した「親近化選好」ともかかわりのある現象です。つまり、よく見る身の回りの顔を、区別しやすくなっていくのです。そしてそれにつれて、見る回数の少ない顔、外国人の顔などを、区別しにくくなっていくのです。

逆に、ハリウッドセレブ好きならば、特段に外国人の顔の覚えがよいこともあるでしょう。それは好きだから覚えるというよりは、たくさん見た経験が効いているのだと思われます。

これは、世代の異なる顔にもあてはまります。世代が変われば、顔つきも変わります。そして顔を見る本人の年代によって、よく見る世代の顔は限られます。特に学校生活を送る中高生や大学生までは、同世代との付き合いの比重が圧倒的に高いことでしょう。そのため同世代だと初対面の顔は覚えられても、お母さん世代や、おばあさん世代の顔を覚えるのは、なかなか難しくなるのです。

これは実験によってもわかっていて、赤ちゃんとよく接している大人は赤ちゃんの顔を区別できるのに対して、赤ちゃんと接する機会のない人は、区別が難しいのです。ところが生後一〇か月くらいの赤ちゃんは、同じ赤ちゃんの顔の区別はつかずに、大人の顔の区別がつきます。これらは顔を記憶する仕組みの発達とも関係があります。

生まれたばかりの赤ちゃんは、あらゆる種類の顔を区別する能力を持っています。しかもその範囲は果てしなく広く、人間の顔に限らないのです。

たとえば動物園で見かけるニホンザルのそれぞれの個体を、顔で区別することはできますか？　幼い赤ちゃんならば、そんなこともできるのです。実験の結果、生後六か月の赤ちゃんは、サルの顔も人間の顔も分け隔《へだ》てなく区別できることがわかりました。それが生後九か月を過ぎると、大人のように、サルの顔を区別する能力は失ってしまうのです。

とても不思議なことですが、外国語の聞き取り能力にも、同じような現象があらわれます。生後七か月の赤ちゃんは、あらゆる言葉の母音や子音を聞き分けることができます。日本人でいえば、英語のヒアリングで苦労する、RとLの違いを生後七か月までは聞き取ることができるのです。それが、生後一〇か月になると失われていくのです。

大人からすると、あらゆる国の言語や顔を、区別できた方が便利に思えます。しかし皮肉なことに、もともと持っていた万能な能力を捨て、他の国の顔や言葉を失うことこそが、発達なのです。

ひとつの能力だけに限定して特化することによって、細かい顔の区別や、正しい聞き取り能力を獲得することができるのです。たとえば生後四か月の赤ちゃんは、わかりやすい特徴でお母さんの顔を記憶しているため、髪型が変わればわからなくなる程度のものでした。より安定して正確な認識能力を獲得するため、顔を見る能力は、よく見る顔にだけ洗練されていくのです。

## 感情で覚える顔

顔を記憶に刻み付けるためには、情動《じょうどう》(心の中に生じる瞬間的な感情)や感情的なかかわりを持つことも重要です。こんな話があります。

会社の受付でその会社役員を名のり、手持ちのお金がないからとタクシー代を借りる寸借《すんしゃく》詐欺《さぎ》が横行しているそうです。大企業となると役員はたくさんいるため、受付が役員の顔を全て覚えているわけではないのです。あやしいと思っても、資料を調べて顔を照合して、万が一それが本物の役員だったら、大変なことになります。

その人物は身なりがよくて堂々としていて、いかにも役員風な風貌だったそうです。それが「○○君だったね、すまないけれど貸してもらえないか」と指名してきたそうなのです。胸の社員章にある名前を、さっと読み取ったのでしょう。名前を呼ばれてしまうと、有難い気持ちになって、とりあえず自分の手持ちのお金を貸してしまうのだそうです。後になって調べてみると、役員にその人物はおらず、詐欺であったことがわかったのです。

会話したのはほんの数分ですから、なかなか犯人の顔を覚えられるわけではありません。ところがこの被害者は、警察で見せられた顔写真の中に、間違いなく犯人だという顔を見つけ、逮捕《たいほ》にこぎつけたそうです。

この被害者の顔記憶能力は、かなり高いものといえましょう。たった一度会っただけの見知らぬ人の顔を、それほど鮮明に記憶できることは、なかなか難しいはずなのです。なぜ、犯人の顔を記憶できたのでしょうか？

被害者の能力が高いこともありますが、もうひとつの鍵として、感情的な反応があります。研究の結果から、信頼感のない顔は記憶に残りやすいといわれています。信頼してはならないといった、否定的な気持ちで記憶することになるからです。そのため、この感情にかかわる脳の領域が活動するのです。この寸借詐欺の被害者も、心の中で「あやしいな」と思っていたのかもしれません。

信頼のならない人の顔を記憶する時の脳活動を調べてみると、顔や人物の否定的な情報や、社会的・精神的に傷つく感情や罰《ばつ》の処理に関与しているといわれる島皮質《とうひしつ》と、記憶にかかわる海馬《かいば》との相互作用がかかわっていることがわかりました(図2-5、図2-1も参照)。悪い印象を持った顔は、そうでない顔と比べて、記憶されやすいというのです。貸したお金が返ってこないような友人、不審《ふしん》な行動を取るような人、油断のならない人は、損をこうむらないように、しっかり頭に入れておく必要があるのでしょう。

同じように、喜びや心地よさなどの快《かい》感情との結びつきも、顔を記憶に残りやすくします。初対面の人に自分を覚えてもらいたいと思ったら、一番の近道は笑顔になることです。笑顔の顔は見つけられやすく、記憶されやすいといわれています。笑顔も魅力的な顔も、記憶されやすいのです。そのときに働く脳の領域は、報酬《ほうしゅう》にかかわるところです。金銭的な報酬をもらうときに活動する、前頭葉《ぜんとうよう》にある眼窩前頭皮質《がんかぜんとうひしつ》が、記憶にかかわる海馬と一緒に活動するのです。

好きなアイドルがテレビに出ると興奮したり、アイドルの追っかけを楽しんだりすること

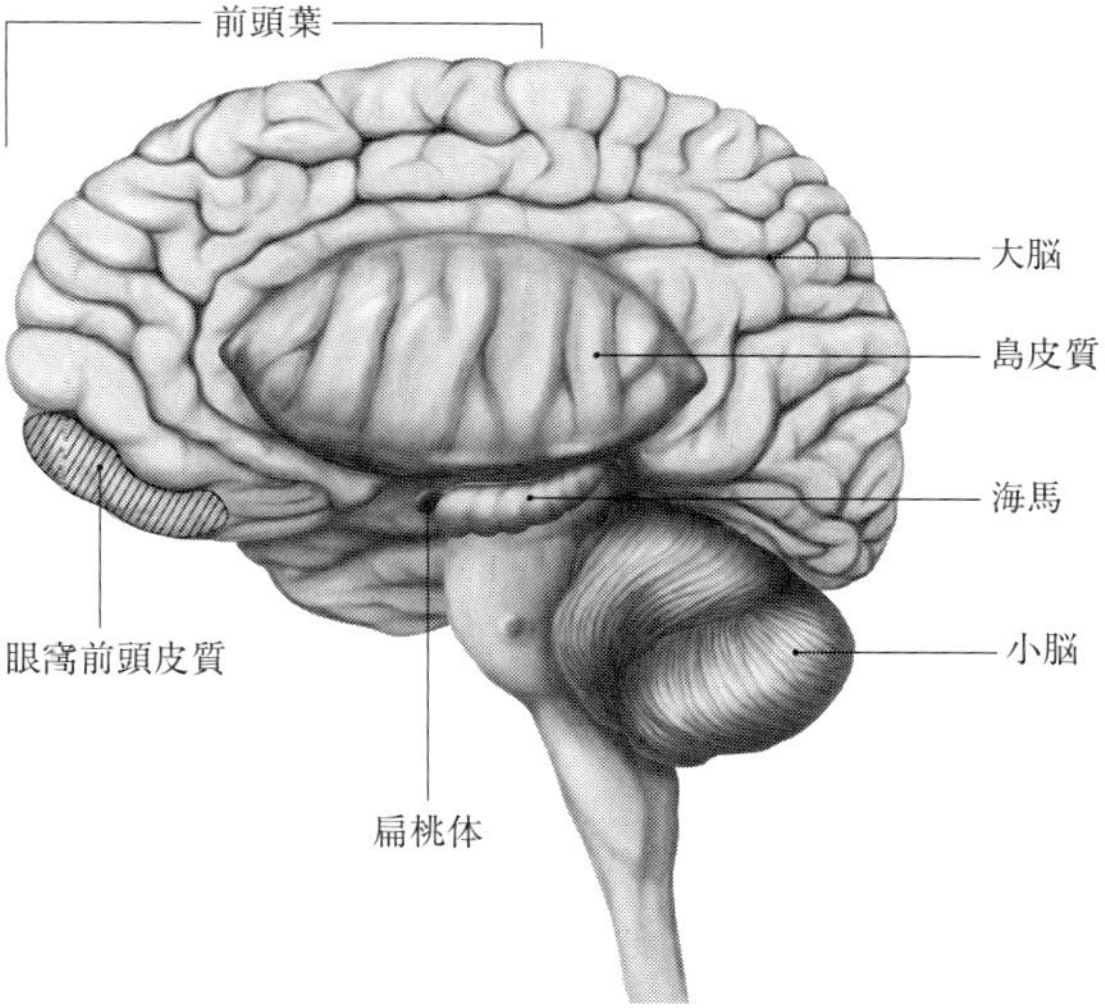


図 2-5　悪い印象を持つ顔と，よい印象を持つ顔の記憶にかかわる脳の部分．眼窩前頭皮質は報酬をもらう時に活動し，笑顔の人の名前を記憶するとき，記憶にかかわる海馬と一緒に働きます．島皮質はネガティブな情報の処理に関与し，信頼のならない人の顔と名前を記憶する時に記憶にかかわる海馬と一緒に働きます．（イラスト製作：㈱レンリ）

もあります。好きな顔を見ることがご褒美《ほうび》になるというのは、なんとなく実感できることでしょう。それが実際に、脳の中で報酬となっているというのは、面白いことです。

ちなみに、顔を鑑賞する側が男性だと、魅力的な顔は女性にほとんど限定されますが、女性の場合は、男性も女性も魅力の対象となるそうです。その証拠に、男性誌の表紙で見られるのは女性ばかりですが、女性誌の表紙は女性モデルが多く見られます。女性にとっては、同性の魅力的な人も報酬となりうるようです。それについては6章で、どんな顔が魅力的なのかについて、ゆっくり説明しましょう。

## 顔を覚えるコツ

ここで顔を記憶することについてのポイントを、復習しておきましょう。

先生も、頑張って生徒の顔を覚えています。限られた期間だけ生徒と接する教育実習生であっても、クラス全員の顔と名前を張り切って覚えます。生徒の側からすると、先生は生徒の顔を覚えて当然かもしれませんが、何十人もいる同じ年齢の顔をもれなく記憶するのは、なかなか大変なことです。

こんな話があります。学生時代にボランティアでアフリカの中学校に教えに行った、アメリカ人の話です。目の前に並ぶのは、同じ年齢の同じような髪型の黒人ばかり。最初のうちは、顔の区別すらつかなかったそうです。それが一〇日もするうちに、顔の区別がついて、それぞれの顔を覚えることができるようになったというのです。

では、どうしたら、顔を覚えられるのでしょう。

テレビ番組の取材協力で、気づいたことがあります。それは特別な能力を持つ、飼育員の話でした。飼育している一〇〇頭近いカンガルーの名前、その親族関係を全て把握《はあく》しているというのです。もちろん、そんな飼育員はただ一人でした。

テレビの画面で見ても、カンガルーの顔はどれも同じように見えます。それが、指差された個体の名前を、次々に間違いなく答えることができていました。それだけでなく、よそのお母さんのお腹の袋に入りこんでいる子を見つけて出して、追い出されてはぐれている、ほんとうの子どもも探して、お腹の子を入れ替えたりするのです。その姿はまるで、「カンガルーのおばさん」のようでした。この飼育員は、カンガルーのそれぞれの性格と社会関係、親子関係を把握しているそうです。

一方で、語呂《ごろ》合わせを使ったり、芸能人にたとえたり、頑張って覚えようとした別の飼育員もいましたが、それではまったく追いつかなかったようです。勝利の要因は、カンガルー社会に溶け込んで、まさしくカンガルーのおばさんになったような気持ちでいることではないでしょうか。

人との関係を築きあげるために、顔と名前を覚えることは大切な一歩ともいえます。顔を覚えるコツは、この社会関係にありそうです。そこから考えると、なにが誤った覚え方かが、見えてきます。たとえば、芸人にたとえて覚えるとか、語呂合わせで覚えること、それは目の前のカンガルーたちの表面だけをとらえていて、それぞれの性格や社会関係にまで踏《ふ》み込《こ》んでいないようにみえます。カンガルーに、失礼ではないでしょうか。

これまで紹介したように、顔を記憶するときには、脳のさまざまな部分が活動しました。ある人の顔を見て、素敵だなと思ったり、不愉快だなと思ったり、そんな感情的な脳の働きが、顔を覚えるときには必須《ひっす》なのです。

顔は感情的なつながりがあってこそ覚えられるのであって、単語や化学記号を覚えるのとは違うのです。単語や化学記号はどこかつかみどころのないところがあって、語呂合わせをして無味《むみ》乾燥《かんそう》に覚えることもあるでしょう。でも、顔を覚える時に、それをするのは無駄《むだ》な努力といえるかもしれません。

次の節でも述べますが、感情を使って脳を活性化するのが、顔を記憶する最大のコツでしょう。

## 思春期の仲間関係

みなさんの世代では、濃《こ》い人間関係を避《さ》ける傾向があるかもしれません。波風を立たせるのは、怖いことです。一方で、むやみやたらと波風を立てるような人もいます。それらは大人社会と比べると両極端にあるようにも見えて、大人には理解し難いところがあります。子どもと大人の間に位置する思春期の傷つきやすさや衝動性は、昔から文学、映画、テレビや漫画《まんが》の格好の題材でした。ジェームズ・ディーンや尾崎豊など、思春期特有の揺《ゆ》れる気持ちの代弁者は、各世代にいます。そして最近の研究から、こうした行動の根拠が、脳にあることがわかっています。

恐怖をつかさどる扁桃体は成人するまで成長し続け、思春期では大人よりも過敏に反応するというのです。たとえば不快な状態で顔を記憶させられるとき、大人よりもずっと強く扁桃体が活動することがわかっています。思春期特有の不安定な心持は、大人には理解できないことですが、それは大人と思春期の脳に違いがあるからなのです。

ちなみに扁桃体の活動の発達を見ると、発達のそれぞれの時期で、なにが大切かを知ることができます。たとえば見知らぬ人の顔への反応は、四歳から一七歳にかけて減ることがわかっています。一方で、恐怖や怒りの表情を目にして不快に感じる反応は、子どもから思春期で増え続け、大人で減るそうです。振り返ってみると、幼い頃は知らない人に人見知りをすることも多かったと思います。それは生き抜く上では大切なことで、見知らぬ人に連れていかれないように、警戒心《けいかいしん》が強くなっているのでしょう。一方で、子どもから思春期にかけて、周りの情動的な反応に、より過敏となることがわかります。

思春期で周囲の反応に過敏となるのは、ごく自然なことなのです。

ただし、警戒《けいかい》しすぎないことも大切でしょう。相手との関係に敏感になりすぎて、人との関係を切ってしまっては本末転倒です。人と距離を置きすぎて、まったく人と接しないことは、決してよいことではありません。

大学までの人間関係は、限られたものです。極端ですが、モデルや芸能活動をしている生徒と普通の高校生とを比べると、出会う顔の数が三倍も違うという人もいます。均質な同世代の中だけにいることは、それだけで、息苦しくもあるものです。

思春期が過ぎれば、気持ちも落ち着き、人間関係もスムーズになっていきます。人間関係の幅も、広がります。大学生になればアルバイトや留学に、その後は社会での経験など、年齢に従ってより広い人たちとのかかわりができていきます。

傷つくのが怖いことは自然ですが、失敗を知ることは大切です。一度距離を置いた人間関係は、もとに戻すことはなかなか難しいかもしれません。それでも、いくつかの小さな失敗があってこそ、それから先の人間関係につながっていくのです。

話を戻しましょう。顔を記憶するためには、感情を伴う人間関係が大切です。一緒にいて楽しかったとか、嫌な目に遭《あ》ったとか、なんであっても感情的な事柄とともに覚えることがコツなのです。少しだけ、おせっかいになることも必要かもしれません。とにかく、その人をめぐるさまざまな事柄に興味がなければ、人の顔は覚えられないのです。

こうした特殊な努力は顔を記憶する時の脳とのかかわりがありますが、それだけでなく、単純に記憶する数とも関係しています。記憶される顔の量は、化学記号や単語とは、比べ物にはならないものでしょう。それだけの数を刻み込むために、それなりの努力を必要とするのです。感情を刺激して、脳を活性化させる必要があるのです。

ところで、「自分は顔を覚えるのが苦手」と言い張る人は、たいていは苦手ではないようです。どちらかというと、贅沢《ぜいたく》な悩みのようにも思えます。自分が知っている顔は名前まで覚えたいとか、相手が自分を知っているのに自分が知らないことに気がすまないとか。そんなところでしょうか。しかしそもそも記憶している顔の数から考えて、そのすべての顔を名前付きで覚えたとしたら……頭がパンクしてしまうことでしょう。そこまでいかなくても、結果として、覚える顔の数は少なくなると思います。必ず名前をつけて覚えるとなると、負荷も高く、必然的に覚える量も減るでしょう。

実は顔だけ覚えるのであれば、とてもたくさんの数を覚えることができるのです。なんとなく顔だけは覚えていて、挨拶《あいさつ》して、そこから話をして互いを思いだす。それこそが、顔を使った付き合いの第一歩なのです。顔だけは覚えているという状態をなくすのは、こうした付き合いの楽しみを奪《うば》っていることにもなりましょう。

また、もし相手が覚えていて自分が覚えていないとしたら、感情のかけ方に違いがあったのかもしれません。人や社会に興味がないと、顔は覚え難いところがあるのです。その人と自分との付き合い方を考え、様々な努力をしてみるよい機会でしょう。

## 赤ちゃんはどうやって顔を覚えるか

言葉の読み書きの苦手な人は、本人も周りもすぐその問題に気づき、学校では特別な指導を受けることになります。それと比べると、顔を見ることが苦手だとして、それが生まれつきであれば、周囲も本人も、その問題に気づきにくいところがあります。

どんな状況でも、知っている人の顔を間違いなく把握《はあく》することは、実は大変なことなのです。防犯カメラやアプリにもなっている、顔の自動認証も、単純なものではありません。人のさまざまな特性を搭載《とうさい》して、初めてできあがったものなのです。

たとえば照明が変わるだけで、顔つきは全く変わります。私たちはそんな変化に気づくことなく、顔を認識することができます。しかし、実はなかなか難しいことなのです。先に説明した相貌失認かどうかを調べるテストでは、人物の顔に影がかかったときに、それが誰だか把握できるかを調べます。想像できないかもしれませんが、影が顔の模様のように見えてしまう場合があるのです。そうなると、誰の顔かがわかりにくくなります。

影がついた顔は、赤ちゃんにもわかりにくいようです。顔を見ることの発達には、顔を正しく見るヒントが隠されているようです。生後四か月頃までの赤ちゃんは、眼鏡や髪型といった、目立つ特徴で顔を判断しています。さっきまで仲良くしていた人が帽子をかぶると、誰だかわからなくなるような状態です。イメージチェンジしても友達とわかる大人とは違い、この頃の赤ちゃんは顔の中の特徴でしっかりと相手を覚えることがないのです。

ところが面白いことに、顔を動かして見せれば、赤ちゃんでも顔の中の特徴を使って覚えることができます。しかも顔を記憶する時間が短縮されます。赤ちゃんには、だんまりの無表情ではなく、「いないいない、ばあ」をしたり笑ったり、顔を動かして見せることが大切なのです。

さて、赤ちゃんが顔を覚えるために肝心な顔の中の特徴をあまり使わないのは、視力が悪いことと関連していると思われます。先に説明したように新生児でも顔を好んで見ますが、その時点の視力は〇・〇二程度しかないのです。実は視力が悪い分、目に入る情報は少なく、すぐに学習することができるのです。手っ取り早く少ない情報で学習して、視力が発達した後でじっくり観察する。赤ちゃんは、顔を覚えるためにそんな戦略をとっているようです。

その一方で、生まれつき視力のよい赤ちゃんたちがいます。生まれつき視力がよければ、顔はよりよく見えるようになるのでしょうか。

アメリカで、自閉症者《じへいしょう》の妹や弟の乳児期の視力検査が行われました。自閉症の名称は聞いた人も多いと思います。他者とのコミュニケーションが困難で社会性に問題を抱える発達障害です。原因がわかっていないため、遺伝的《いでんてき》に近しいきょうだいの幼少時の研究が行われているのです。

この研究では、色を見る視力と、コントラスト視力が計測されました。コントラスト視力とは、視力にかかわる脳の発達を調べる手法です。普通の視力検査では、文字の大きさを小さくして読み取れる最小の大きさを測りますが、コントラスト視力検査では、文字がどこまで細かく、どこまで濃淡《のうたん》を少なく薄くしても、見えるかを測るのです。検査の結果、色を見る視力は普通の子と変わらない一方で、コントラスト視力はよいことがわかったのです。

## 「顔を見るのが苦手」な人と、どうつきあうか

自閉症児は、形を見ることが得意でもあります。たくさんの人々が描かれた風景から赤と白の縞《しま》模様のシャツを着たウォーリーという人物を探し出す絵本『ウォーリーをさがせ！』（フレーベル館）のような絵探しも、誰よりも早く正確に解くことができます（図2-6）。

その一方で、顔を見るのが苦手という矛盾《むじゅん》したところもあります。顔を見ることに関していえば、赤ちゃん時代に視力のよいことが、なんの得にもならないようなのです。

自閉症者が顔を見る際の最大の特徴は、独特な視点にあるようです。図2-7を見てください。実は顔には逆さにすると顔つきがわかりにくくなる倒立《とうりつ》効果がありますが、自閉症者ではこの効果が小さいといわれています。正立でも倒立でも、同じように見るのです。部分の集合体として、顔を見ているためではないかと考えられています。

関係ないところに視線を向けることも特徴のひとつで、目を見ずに口ばかりに注目し、発話している人に目を向けることがないなど、普通とは違う視線の動きが、視線検出装置を使

図 2-6 『ウォーリーをさがせ！』は，たくさんの人々のいる雑踏の中から帽子をかぶった丸眼鏡の赤白縞シャツ姿のウォーリーを探す絵本シリーズです．ひとつひとつしらみつぶしに探さないと見つからない絵探し遊びですが，自閉症児たちは，素早く探しだすことができます．(書影提供：フレーベル館)

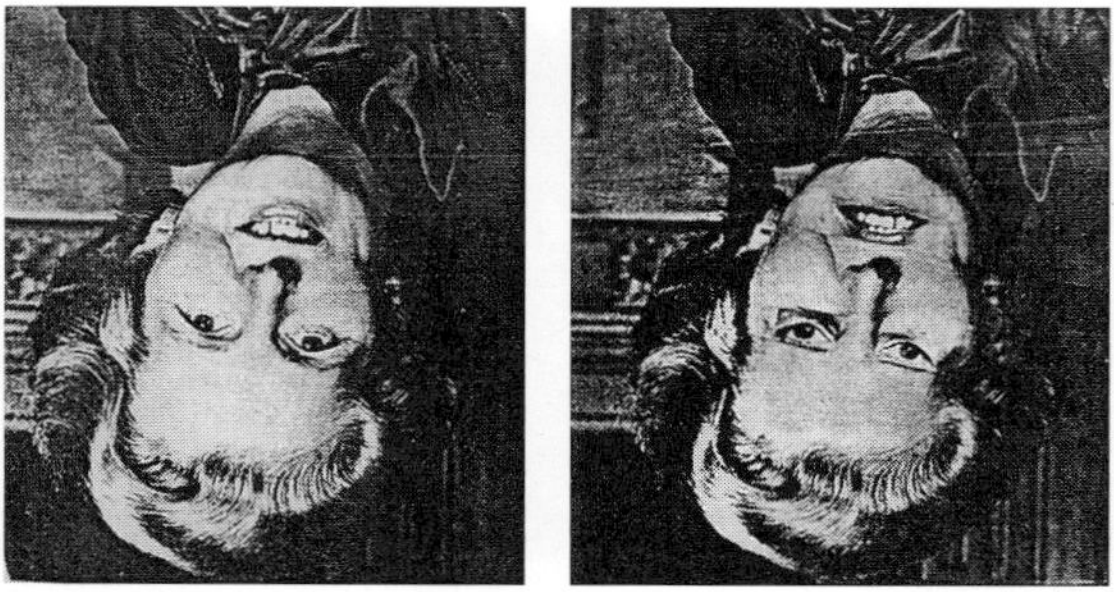

図 2-7　サッチャー錯視.「鉄の女」と呼ばれたイギリスのマーガレット・サッチャー元首相の顔です. 逆さでは左右の違いはわかりませんが, 本を逆さまにして見てください.「鉄の女」の顔があらわれるようです.

った実験からわかっています。

顔を見ることが生まれつき苦手な発達性相貌失認の特徴も、自閉症者と類似しています。写真の顔を見せて記憶するときの視線を計測すると、輪郭《りんかく》周辺など、あまり重要でないところばかりに視線が向いていることがわかりました。

その対極をいくのが、「スーパーレコクナイザー」と呼ばれる人たちです。顔を記憶するテストの成績が非常に高い人たちを指しますが、彼らは顔の重要なポイントを一瞬で見ることに長《た》けているようです。鼻を中心に視線を置いて、顔の全体的な特徴を瞬時で把握するような見方をするそうです。

視線の動きだけからでも、顔の見方の違いはずいぶんとわかるようです。視線をうまく向けることができさえすれば、顔の見方も変わるかもしれません。これについては、これからの研究の成果を待つ段階ですが、実際のところ生まれつき顔を記憶するのが苦手な人は、不便な生活を強《し》いられているように思います。

本人は自分がふつうと思っていても、周りには違和感を与えていることもあるでしょう。同じクラスの子と道ですれちがっても気にせずにやりすごし、クラスメートの顔を覚えようとしない子どもの様子が気になって、親が相談に来ることもあります。場合によっては、人間関係をうまく築くことができずに、ひきこもりや不登校になることもあるでしょう。

困っている人たちの特徴や「なぜ？」を知ることは、大切です。社交性がなかったり高飛《たかび》車《しゃ》で無視しているのではなくて、顔が見えないだけであることがわかれば、問題解決の糸口を探し出すこともできましょう。有名なところでは、ハリウッドスターのブラッド・ピットは、自身の発達性相貌失認で長年悩んできたことを告白しています。

目立つ名札があれば、クラスメートであることに気づき、相手が誰かを確認することができます。本人も周囲も、それぞれの違いを理解して、どうしたらよいかを、いっしょに考えることが必要です。

# 3章
# 目は口ほどに物を言う
## ──他人の視線が気になりますか？

ジョルジュ・ド・ラ・トゥール《クラブのエースを持ついかさま師》（1630–1634年）

## 視線は怖いか

自分に視線を向けられたり、指を指されたりすると、ドキッとしませんか。それは、顔を見るときに活動する上側頭溝《じょうそくとうこう》(Superior Temporal Sulcus：STS)という脳の領域の活動のせいかもしれません(図2-1参照)。表情や視線を見るときに活動するのです。

ハリー・ポッターの物語に、肖像画《しょうぞうが》の人物がきょろきょろと目を動かすシーンがありました。薄暗い部屋の古い肖像画は、それだけでも薄気味悪いものです。それがどこまでも自分を追いかけ回して見つめ続けているとしたら……なんと気持ちの悪いことでしょう。しかし特殊な撮影技術がなくても、単なるうすっぺらな紙の絵やポスターでも、そんな状況は起こりうるのです。

紙に描かれた平面の人物であれば、ポスターや絵画、素材はなんであれ、その視線は追いかけてきます。こちらを向いた顔の視線からは、同じ部屋にいる限り、どこに移動しても、逃れることはできないのです。大人になると気づかないことも多いのですが、子どもの頃には、こうした絵や写真が怖く思えたことがあったのではないでしょうか。（この章の扉絵の《クラブのエースを持ついかさま師》でも、一人だけ視線を追い続ける人物が混じっていませんか？）

これは、二次元の人物画に特有の「錯視《さくし》」なのです。錯視とは、実物とは違って見えることで、そこから人の見方の癖《くせ》を知ることができる現象です（図3-1）。顔を見ることにも、錯視は起こります。この錯視からわかることは、視線の行く先が一点にはっきりとなるのは、三次元の立体の顔と目玉があるからこそということです。少しだけ奥になった顔や目玉の方向から、視線は一点に見えるのですが、二次元の絵画ではそれがないまま、あやふやなままで広い範囲に視線が届くように見えるのです。

しかし、あやふやな視線がすべて自分に向いたように見える、こうした錯視が生じるのには、私達の気の持ちようもあるかもしれません。人は、追いかけられる視線に敏感なようです。

「ガンを飛ばす」とか、「ガンをつけられた」とか、視線は抗争のもとにもなります。これ

図 3-1　錯視の例
上：ワラストン錯視．左右の顔で，視線の方向は違って見えませんか？　これも錯視です．周りを隠して目だけを見てください．じつは左右の顔の目は同じ，顔を加えると視線の方向が違って見えるのです．
下：白い格子の交差点に灰色の丸が見える「ハンマーグリッド錯視」(左)と，交差点が点滅して見える「きらめき格子錯視」(右)．

には、動物と共通しているところがあるようです。たとえば野生のサルとは、むやみに目を合わせてはいけないといわれます。野生動物の世界でも視線が合うということは、敵対していることを意味することがあるからです。

このように動物との共通点もありますが、人間の視線の動きはより柔軟《じゅうなん》で、あちこちに向けることができます。それは、

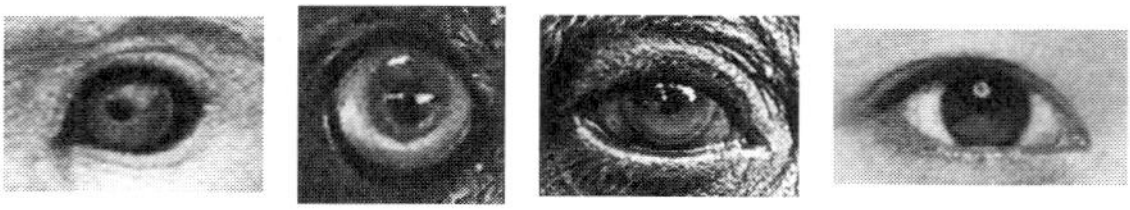

図 3-2　目の形態．左から，ニホンザル，エリマキキツネザル，オランウータン，人間．哺乳類の中で，人の目玉の形状は特殊です．楕円形で黒目が小さく，そのため視線がどちらを向いているかが見えやすい構造となっています．

人間の目の形が特殊だからです。人間に近い他の哺乳類《ほにゅうるい》の目と比べてみましょう(図3-2)。

動物の目は、ほとんどが黒目です。白目が大きい面積を持つのは、ヒトの目だけです。しかも動物の目が丸い形であるのに対して、ヒトの目はアーモンドの形をして黒目が小さいのです。この特殊な形のため、ヒトの目は、左右に向けた視線の方向がはっきりとわかるのです。

ヒトの特徴的な白目と、目の真ん中にある黒目の対比は、顔を見る上で大切な働きをしています。目玉と視線の不思議について、みていきましょう。

## 「目力」は魅力を支配する?

黒目の大きさは、顔の魅力を左右するようです。たとえば漫画やアニメの登場人物は、どれも大きな黒目をしています。本物の人間ではありえないキラキラ輝く大きな黒目を、不気味と思わず魅力を感じるのは、不思議なことです。これも黒目の魅力のせいかもしれません。

それとは対照的なのが、「不気味の谷」という現象です。コンピュータグラフィックスの技術からすると可能なのに、人間そっくりのアニメーションは存在しません。人そっくりに合成された登場人物は、不気味だと嫌われるからです。

アンドロイドなどもそうですが、人に似せようとした人工物は、それがよくできているほど気味の悪さを感じます。肌がすべすべできれいすぎたり、毛穴が見えなかったり、整いすぎた部分に「人間らしさがない」という違和感《いわかん》を発見します。人は自分たちの姿形《すがたかたち》に敏感であるため、むしろ、似すぎていることの落差を強く感じ、偽物《にせもの》の不気味さを感じとってしまうのでしょう。

それでもハリウッド映画でコンピュータグラフィックスが普及して以来、合成の人の姿には、ひと頃よりもだいぶ慣れてきたようです。二〇〇九年に公開された映画「アバター」で、合成された異星人の顔が受け入れられたことが、きっかけのひとつとも言われています(図3-3)。ただしこの場合も少しだけ人間から距離を置くために、人間にとても似ているけれ

図 3-3　映画「アバター」より．この作品を機にコンピューターグラフィックスで合成された人の姿が受け入れられるようになってきました．少しだけ動物っぽさをミックスして，人間から距離を置いたのがポイントだったのかもしれません．（画像提供：20 世紀フォックス ホーム エンターテイメント ジャパン　©2013 Twentieth Century Fox Hcme Entertainment LLC. All Rights Reserved.）

ど動物っぽさをミックスした異星人の設定としたのが、成功の秘訣《ひけつ》かもしれません。

人の偽物に不気味さを感じる一方で、顔のつくりからは到底《とうてい》ありえない大きな目を持った、生物としては不自然なアニメ顔を不気味に思わないのは、不思議なことでもあります。

それほど目には魅力があるのでしょうか。巷《ちまた》には、黒目を大きく見せるテクニックがいろいろあります。黒目を大きく見せるコンタクトレンズもあります。黒目を大きく演出する化粧《けしょう》や、整形もあるそうです。

黒目を装《よそお》うのは、現代の流行というわけではないようです。黒目の中にある瞳孔《どうこう》を

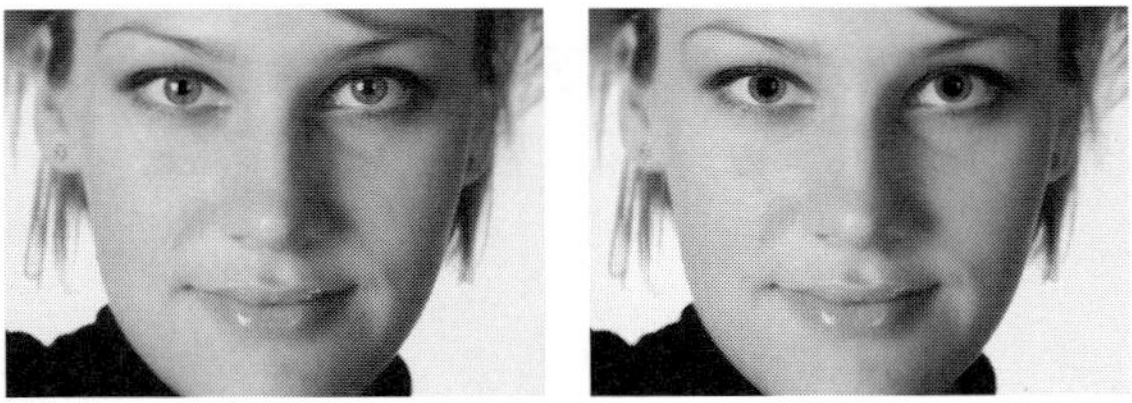

図 3-4　どちらの顔が魅力的ですか？　瞳孔を大きくするだけで(右の顔)，女性の魅力は増すといわれています．ただしこの効果は，異性である男性にだけ生じるといわれています．

大きく見せることが、中世イタリアの女性の間で流行したようです。点眼の散瞳剤《さんどうざい》を使って瞳孔を開くのです。この際使われたアルカロイド系の薬「ベラドンナ」の名は、イタリア語では「美女」を意味するということから推測するに、相当なパワーがあったことでしょう。

一九六五年代には、心理学者ヘスによる実験が行われています。写真の女性の瞳孔を塗《ぬ》って大きくするだけで、より女性らしく、かわいく、ソフトな印象があると男性に評価されたのです(図3-4)。この判断は無意識に行われるようで、誰も瞳孔の大きさには気づかなかったのです。しかもこの効果は相手を選び、男性だけに有効であるものの、同性愛者では効果がないということでした。

別の実験から、瞳孔は自分の気持ちに強く反応することがわかっています。男性では男性誌のピンナップガールに、女性は赤ちゃんの写真に、瞳孔は開きました。その一方でつまらないと感じられたものには、反応しませんでした。興味があって感情やモチベーションが高まるものに対して、瞳孔が開くことが発見されたのです。そこから、瞳孔の開いた目には、相手への強い関心が読み取られると考えられています。

結局のところ「目は心の窓」で、その人の気持ちがあらわれるところといえましょう。

## 視線恐怖は、なぜ起きる

目は、物理的に目立つ刺激です。

田畑などでは、収穫物を鳥に取られないよう、鳥が嫌がる目玉の風船を置くことがあります。目玉の模様の付いた、いも虫やガもいます（図3-5）。これも、天敵である鳥よけのためといわれています。この一種のアケビコノハというガの幼虫と成虫に、大学の構内で遭遇《そうぐう》したことがあります。単なる模様なのですが、その姿はなんとも奇妙で、触りたくない気分にさせられました。これこそ、目力《めぢから》の威力でしょうか。

図 3-5　目力は自然界にも通じます．チョウやガや幼虫の目玉模様は，天敵から身を守るためのものです（左）．目玉の効果は，カラスよけにも使われています（右）．

人の目では、白目と黒目のコントラストこそが目力の根源といえそうです。

　白目と黒目を反転すると、不思議なことが起こります。図3-6を見てみましょう。白目と黒目の色を逆さにすると、誰の顔かが、わかりにくくなるのです。なぜ白目は白で、黒目は黒であることが必要なのか、その理由ははっきりとはわかっていませんが、白目と黒目は、顔を見る際に重要な働きをするようです。

　たとえ人種によって目の色は違っても、明るい白目の中にある虹彩《こうさい》(眼球の色が着いている部分)は、いずれも白よりは暗い色です。明るく白い白目の中にやや暗い虹彩があること、そこに人らしさが表現されているのかもしれません。

その証拠に、人と違う目を見ると、気持ちの悪い気分にさせられます。恐怖映画やハリウッド映画などで白目が変な色に塗られているのは、宇宙人やバンパイアあたりでしょう。目

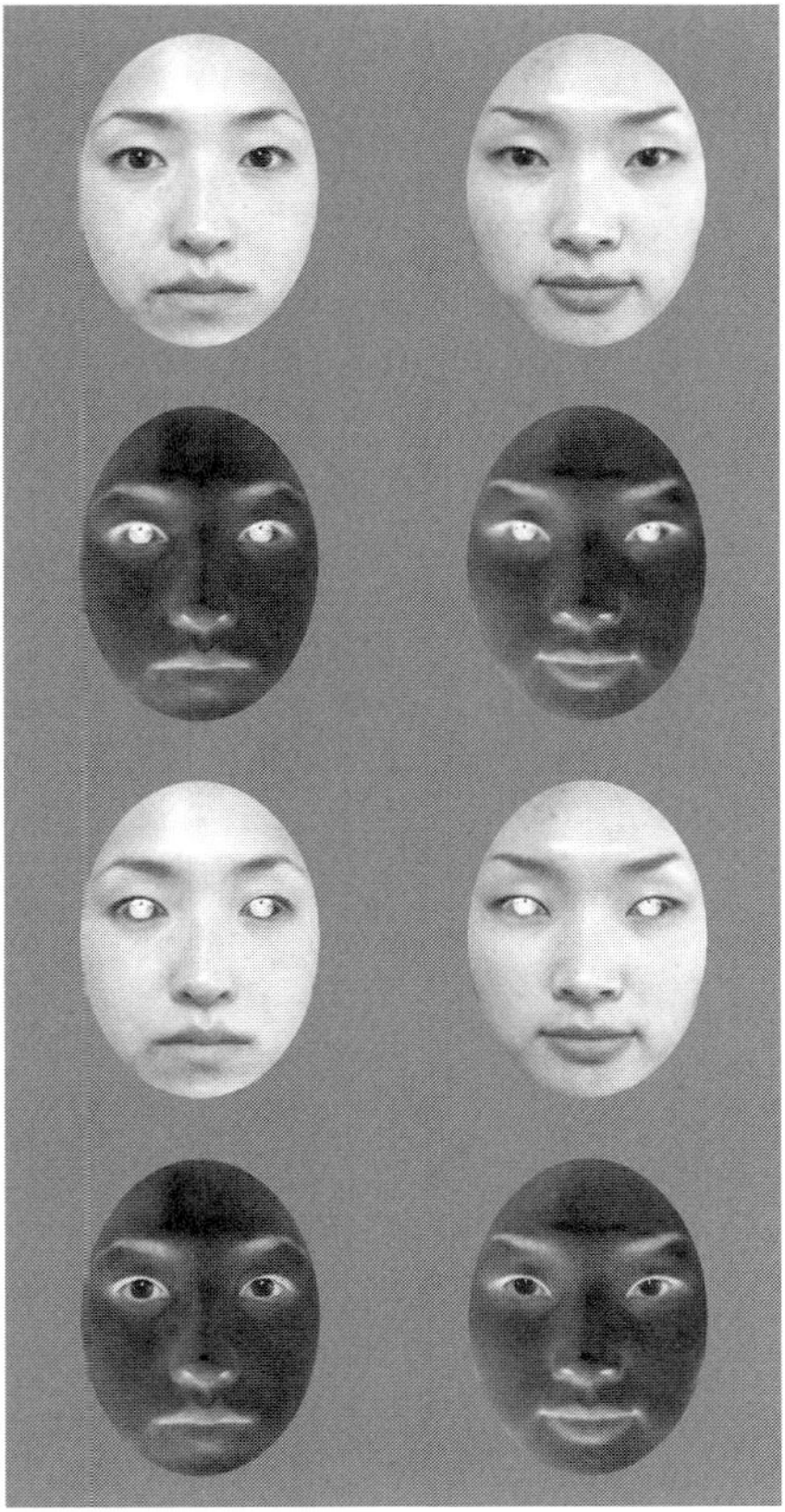

図 3-6　白黒反転の目の不思議．顔を白黒反転すると誰だかわかりにくくなります（2 段目）が，目玉だけをもとに戻すと誰だかわかりやすくなり（4 段目），逆に目玉だけを白黒反転するとわかりにくくなります（3 段目）．

を見るだけで、気味悪く感じます。これは色だけではなくて、形にもあてはまります。かわいいヒツジやヤギの目をよくよく見ると、人間や犬猫とは違って黒目が横長になっています。そのため改めてヒツジの目を見ると、少々ショックな気分にさせられます（図3-7）。

この黒目と白目の反転の影響は、赤ちゃんにもあります。白黒反転した目の顔を、赤ちゃんは学習することができないのです。この白黒反転は目だけにあてはまるものなのかを調べるため、真っ白な歯を白黒反転して、お歯黒を塗ったような状態にして赤ちゃんに見せました。するとお歯黒の顔は、学習することがわかったのです。赤ちゃんが白黒反転目にどんなことを感じているかはわかりませんが、目の白黒は顔を記憶するためには重要なのです。

ではなぜ、白目と黒目が重要なのでしょうか。それは、白目と黒目のコントラストがとても目立つからです。目立つ目に注目して、そこから人らしさを探り出すのかもしれません。

ちなみに、自閉症者はコントラスト視力がよい可能性が高く、この白黒の目のコントラストもより強く感じられるかもしれません。それが特有の行動を導き出す可能性があるのです。

人と目を合わせるのが苦手な人や、アイコンタクトが人とは違って特徴的な人を、ときどき見かけます。人を避《さ》けるようにしている子や、目をそらさずにじっと見つめ続けられてこちらが困るほどの子に、出会ったことはあるでしょうか。
理由はいろいろありますが、一つのヒントがあります。自身の自閉症と虐待《ぎゃくたい》を受けたつらい体験をつづったドナ・ウィリアムズの『自閉症だったわたしへ』（新潮文庫、二〇〇〇年）には、自閉症者特有の感覚世界が明瞭《めいりょう》に描かれています。人の目や顔を見ることは、自身がのっとられるような気分にさせられること、それに比べると喋《しゃべ》る方がずっと楽だというのです。言葉にすることなく視線でさりげなく気持ちをやりとりしている立場からすると、なんと不便なことと思わされます。

図 3-7　ヤギの目．ヤギやヒツジの目を観察すると，瞳孔が横長になっています．

そもそものこととして、目の刺激が強すぎるためなのかもしれません。コントラストを強く感じすぎると、鳥と同じように、目を避けたくなることもあるでしょう。相手の目が刺激的すぎて、自分の目が焼けるようだと表現する自閉症者もいるようです。その一方で、強いコントラストの目に、視線が釘付《くぎづ》けになってしまうタイプもいるのでしょう。一度目を合わせるとなかなか目をそらしてくれない、そんなタイプです。目を避けるか、相手の目から目を離すことができないか、タイプはまるで逆ですが、いずれも目がとても刺激的だから生じることなのだと思われます。

## 視線に敏感な人、鈍感な人

群集の中に、一人だけこちらを見ている人がいたら、すぐに気づくことができるでしょうか。誰かに見つめられることは、いい意味でも悪い意味でも、気になるものです。多くの人は、自分を見つめている視線には、すばやく気づくのではないでしょうか。その敏感さに、気づいたことはありませんか。

電車の中などで気になる人をぼんやりと見つめていたら、相手に気づかれてしまった体験はありませんか。逆に自分に向けられた視線も、なんとなしに気づいたことはあるでしょうか。その相手はどんな人か……気になる相手なのか、それとも不審《ふしん》な人物ではないか、確かめたくなるものではありませんか。

たくさんの顔の中に一つだけこちらを向いている視線があると、その視線に気づく反応速度が速いことが、実験からわかりました。これがこちらに向いた視線特有であることを示す証拠として、全く逆の状態、つまりこちらを向いている群集の中に、一人だけ視線をそらしている人がいたら、気づきは鈍《にぶ》くなったのです。

人の視線の感知能力は、実に優れたものなのです。その精度は想像するよりもずっと高く、視力で弁別できるよりももっと細かく、視線方向の読み取りができることが、実験からわかっています。見つめられていると感づいて相手を見返した場合、たいていその判断に間違いがないのではありませんか。それは超能力と呼んでもいいほど、特殊な能力なのです。

にもかかわらず、別の実験から、このような視線に気づかない人が発見されたのです。それは、自閉症者でした。視線の方向への感度はあるのですが、こちらへ向いた視線を最優先するという規則がないのです。視線の方向はどこに向いていても、公平に判断していたのです。逆にいえば超能力といえるほど特殊で敏感な視線への能力は、「見られている」という感情を伴うような確実な実感に裏付けされていると思われます。そして公平に視線を見るタイプは、この実感が薄いのかもしれません。

こうしたタイプの特徴は、周囲もよくよく把握《はあく》しておく必要があるでしょう。たとえば自閉症者は、先にも説明したように、顔を見る際に目を見ないで口に注目していました。口がよく動いて目立つためという説もありますが、目を避けていた可能性もあります。別の研究からは、話をしている話者への注意も希薄《きはく》であることがわかっています。

友達同士が話をしている映像を見ているときの視線の動きを記録すると、普通は話をしている人に注目するのに、自閉症者は、話とはまったく関係のないところを見ていました。このような見方では、肝心な話の状況や文脈を把握できない恐れがあります。

たとえば、話をしている人が相手に視線を合わせているか、視線をそらしているかだけでも、さまざまな情報を伝えています。真剣な話なのか、ふざけた話なのか、あるいは嘘《うそ》をついている可能性があるのか、などといったことがわかります。その上さらに話している人の表情をみれば、嫌味《いやみ》な話なのか、にこやかな話なのか、どちらなのかがわかります。会話は、話の中身だけでなく、その時の視線や表情で、まったく違う内容になるのです。もちろん自閉症者は、わざといい加減な方向を注目しているわけではないのです。彼らの特有な見方なのです。

ふだんの生活を、考えてみましょう。視線の動きを察して、自分と関係のある人にすばやく気づくこと、話をしている人に注目すること……一つ一つの動作はなんでもないことですが、こうした行動をとれないとすると、会話の肝心なポイントを聞きもらしてしまうことになるでしょう。周囲と話がずれている、ちゃんと話を聞いてくれない、みなさんの周囲にもそんな人がいるのではないでしょうか。それは、わざとやっているわけではなく、注意が散漫なわけでもないのです。

こうした人たちとは、どのようにコミュニケーションをとったらいいのでしょうか。見方が特徴的であることを考えてみて、ふだん無意識に行っている自身のコミュニケーションの癖にも気づいてみましょう。友達同士で視線や表情を使って、なんとなく気持ちを伝え合っていることは、どれくらいあるでしょうか。言葉だけのメールにも「顔文字」を多発するのは、顔の力を借りているということです(図3-8)。表情や視線のコミュニケーションのポイントを、言語で伝える努力をしてみたことはありますか。

こうした努力は、本来は、特殊なことではないはずです。先生や両親や目上の人たち、自分たちと違うタイプの人には、言葉を使わないと正確には気持ちは伝わりません。それは、

(^^)　(T_T)　(>_<)　(^^;)

(゜Д゜)　(+_+)　(^.^)/~~~

図 3-8　顔文字の例．たとえば「だいじょうぶ」のメールに，それぞれの絵文字を入れてみてください．絵文字によって，全く違う内容になります．顔の力は大きいのです．

外国でのコミュニケーションの際にも必要とされます。

　コミュニケーションの仕方には、文化差があります。どこに視線を合わせて、どんな表情をするのか、それは文化によって異なるのです。私達のコミュニケーションには、言葉だけでなく視線や表情のやり取りを含めて、日本人特有のところがあります。

　しかもその文化は、さらに世代別に洗練されるところがあるようです。学校という年齢や住んでいる所が近い人ばかりの均質集団にいる若者の間では、特にこの傾向が強いでしょう。それは、若者言葉に象徴されるのではないでしょうか。現代の「ヤバイ」だけでなく、若者の間だけで通用する言葉は、あらゆる世代で存在します。その世代が過ぎれば、かつての流行語であった「ぶりっこ」「どっちらけ」「ナウい」「おっはー」のように、やがて死語となり、消えていくのです。

　こうした言葉を使っての仲間内だけで通じるコミュニケーショ

ンは、楽かもしれません。しかし若者言葉が次々と消え去るように、いつかは巣立っていくのです。異なる文化にも通じる、コミュニケーション様式が必要となるからでしょう。自分のコミュニケーションの仕方を意識して切り替えることが、いつかは必要とされるのです。

## 視線を読み取る能力の発達

電車の中などで小さい赤ちゃんに、じっと見つめられたことはないですか。一度目が合うと、なかなか目をそらしてくれなくて、嬉しかったり恥《は》ずかしかったりするものです。いったい赤ちゃんはなにをそんなに見つめて、どんな顔を好むのでしょう。

新生児が顔に注目することは先に示しましたが、どちらかの顔を選択する場合、目が重要なポイントになります。目を閉じた顔よりも、目が開いた顔を好んで注目するのです。それが生後四か月になると、視線の方向に敏感になります。同じ開いた目でも、視線が合っていない顔よりも、視線が合っている顔を好みます。つまり、赤ちゃんと一度目が合ってしまうと、しげしげと注目され続けてしまうというわけです。

顔と同じように視線には、生まれた時から敏感です。そして顔の読み取りの発達と同じように、目への気づきから視線の方向の把握へと、目から受け取る内容は洗練されていきます。視線や顔を合わせることは、赤ちゃんにとっては大切なことのようです。視線が合っていない顔は、視線が合った顔と比べて、学習しにくいことがわかっています。脳を調べた実験からは、生後五か月の幼い乳児では、横顔を見ても顔を見る脳が反応しないことがわかっています。そこでこれまで行われてきた、赤ちゃんを対象にした実験で使われた顔を調べてみました。すると、ほぼすべてが正面向きの顔であることがわかりました。つまり、目と目を合わせる顔と視線が、赤ちゃんをひきつける最大の魅力といえるのです。

こっちを向いて視線の合った顔は、自分とのかかわりのある顔であり、意味のある顔であり、意識して把握するべき対象となるのでしょう。一方で視線の合わない顔は、こちらに無関心だということで、無視してもいいものとなるのかもしれません。

赤ちゃんに会う機会があったら、ぜひ試してほしいことがあります。赤ちゃんを見つめることによって、あるいは目をそらすことによって、赤ちゃんはどのような変化を見せるでしょうか。私たちが無意識のうちにする視線への反応、それは赤ちゃんにも備わっているのでしょうか。

赤ちゃん時代から、視線のやりとりは積極的に学習されて発達していくのです。お母さんも赤ちゃんに応対することによって、親子は一緒に発達していくのです。ある意味で赤ちゃんは、周りの大人たちを導き、親へと成長させる力を持っているのです。

ぜひ機会を見つけて、赤ちゃんと対面してほしいと思います。赤ちゃん初心者に向けて、「赤ちゃんパチパチ目合わせ遊び」を考案したことがあります。これは、表情をつくるのが恥ずかしかったり、育児に疲《つか》れて表情をつくるのが面倒になっているお母さんでも、目をパチパチ開けたり閉じたりするとか、目をキョロキョロさせて横を見たり前を見たりするなど、簡単なしぐさをつくりながら赤ちゃんをしっかり観察していくというもので、赤ちゃんとのコミュニケーションを学ぶことができると思います。コミュニケーションの原点を考える上でも、子育てを考える上でも、学びの場となる遊びのひとつとなりましょう。

# 赤ちゃんとお母さんの発達

お母さんと赤ちゃんは、みな仲が良さそうにみえます。生まれてずっと一緒にいると、自然と仲良くなるのでしょうか。

生まれてからの赤ちゃんとお母さんの行動を丁寧《ていねい》に観察した研究から、意外なことがわかってきました。赤ちゃんとお母さんは、生まれつきウマが合うわけではないのです。

赤ちゃんがお母さんの目を見る時間と、お母さんが赤ちゃんの目を見る時間を、生まれた直後から観察すると、発達的な変化がみられたのです。赤ちゃんの注視時間だけでなく、お母さんの注視時間も、だんだんと長くなっていったのです。赤ちゃんの発達は先に説明した通りで、視線の発達とともに、新生児の開いた目への好みから、視線の合った目へと、視線を見る感度も高まり、自然と目を見る時間は長くなっていくのです。

それに合わせてお母さんも発達することが、データの中からわかったのです。赤ちゃんの目を追うスキルがアップしていくのです。お母さんは、最初からお母さんになれるわけではなく、子育てしていくうちにお母さんになっていくのです。

自分のほうをぼんやりと見ていた赤ちゃんが、自分の目をしっかり見てくれるようになる、そんな変化が子育てのご褒美《ほうび》となって、お母さんのやる気を湧き立たせるのです。そしてだんだんと、赤ちゃんとお母さんの息は合っていくのです。

ところで、このご褒美を、うまく受け取れないお母さんもいます。子育てに疲れたり、子育て以外のことに忙殺されたりと、理由はさまざまありますが、本人の資質というよりはその時の状況の方が大きいようです。

特に子育ての疲れは、誰もが直面する問題ともいえます。産後のホルモンバランスの変化から、うつ状態になるのはよくあることだからです。忙しいお父さんや、知り合いのいない場所での孤立《こりつ》した子育ての環境は、お母さんを追い込んでいくことにもなりましょう。虐待や育児放棄《ほうき》といった悲しい事件もありますが、そこまでいかなくとも、この時期に赤ちゃんの視線をうまく受け取ることができないと、息が合うきっかけを失うことにもつながるのです。こうした小さなつまずきは、いたるところで起きている可能性があります。もちろん、子育ての役割はお母さんに限りませんし、誰でもお母さんの代わりに成長できるのです。子育てには、周囲の環境が大切なのです。

## 視線はコミュニケーションの源泉

赤ちゃんを産んだらそのまま親になれる——そんなわけではないことがわかりました。赤ちゃんとのやり取りの中で、親も成長するのです。もちろん、親の成長は赤ちゃん時代に限られるものではありません。みなさんの親も、今でもみなさんと一緒に、成長を続けていることでしょう。

赤ちゃんの話に戻ると、親子の視線は、コミュニケーションの大切な土台となることがわかっています。これまでみてきた赤ちゃんの視線の読み取りは、単に開いている目やこっちを見ている目に注目するだけで、私たちの視線の読み取りと比べると、幼稚《ようち》に思えます。

私たち大人にとって、視線にはたくさんの意味が込められています。見つめられてドキッとしたり、なんらかの意図を感じたり、さまざまな感情を伴います。視線に意図を読み取ることは、いつ頃からできるのでしょうか。親子で行き交う視線の巧《たく》みなトレーニングが、そこにあるようです。

新生児には意図を読み取る術《すべ》はありませんが、一歳になるよりも早く、生後一〇か月頃からすでに、相手の意図らしきものを読み取るようです。言葉を話すようになるのが一歳半から二歳頃であるのと比べると、会話をするよりも以前に、相手の意図がわかるのです。それはとても早い発達ともいえましょう。

生後一〇か月の赤ちゃんは抱っこされているお母さんの顔を覗《のぞ》き込み、その顔色をうかがって、自分の行動を決めることが実験からわかっています。ガラス板の下に崖《がけ》が見える怖い場所に座らせても、お母さんが微笑《ほほえ》んでいるとそのまま崖の上に渡されたガラス板の上を進んでいきます。ところがお母さんが怖い顔をしていると、進まずにその場に留まったのです。お母さんの表情から、自分の状況を判断することができたのです。

では、赤ちゃんの注意が、お母さんの目から離れて外界へと移るのは、いつ頃でしょうか。生後六か月になると、注意は視線の先へと進むようです。相手が見ている対象を気にしだすのです。赤ちゃんの興味の対象は、鳥のように目そのものではなくて、目から離れていくのです。それは動物から人への進化を示すような、劇的な変化ともいえましょう。

目から先の世界には、少しずつ進んでいきます。まずは「共通理解」の場へと進みます。生後九か月頃になると、親と子とで互いにひとつのものを見つめ合うようになるのです。お母さんの視線の先に注目し、そこに新しい玩具《がんぐ》があったりお菓子があったりするのに気づき、その対象を確認しあうことができるのです。ひとつの世界を互いの視線によって共有することは、人間だけが持つ共通の認識世界を生み出すこととなります。これもさらなる進化の予感を感じさせる行動です。

やがて「視線の先」から「指の先」へと、認識世界の共有は移行します。指さしを通じて、一つひとつの物体を互いに確認しあい、「これがお母さん」「これがマンマ」と、言葉を教えることができるのです。人類だけが持つ「言葉」の獲得《かくとく》へとつながっていくのです。言葉の通じなかった赤ちゃん時代の終わりが近づく兆候《ちょうこう》です。

目は自身の器官を通じ、外界に自分を広げる窓のようなものなのかもしれません。赤ちゃんは母親との視線の共有によって、自分だけの閉じられた世界から脱却し、他者と共有した世界に発達していくようです。言葉を含めたコミュニケーション能力の獲得には、とにかくまずは視線や目が、大切な役割を果たしているということでしょう。そうであれば、あなた自身の視線が他者に開かれているかを知ることは、大切なことかもしれません。

## 日本人は、視線を合わせない

あなたは人と話をするときに、視線を合わせますか。視線を外して下を向いて、ぼそぼそとマイペースで話をしますか。

視線の向け方は、マナー本などにもよく出る話題のひとつです。相手の目を見すぎるのは失礼だといわれる一方で、面接を受ける時には、相手の目を見てしっかり話を聞き、話をする時には鼻のあたりに注目しましょうなどと、事細かに書かれています。

視線を見る発達と比べると、こうした行動は不思議なことです。赤ちゃん時代には、目は自然に注目する対象であったのに、大人になったら「目を見て話せ」とマニュアルにわざわざ書かれるのは、どういうことでしょうか。

大人になるにつれて、顔や視線を見る際に複雑な感情が伴うようになります。顔を見たり、顔を見せたりすることには感情が切り離せないのですが、その感情が複雑になっていくのです。生まれたばかりの赤ちゃんは、泣いたり怒ったりといった単純な感情の噴出《ふんしゅつ》を見せるだけですが、やがて、感情を隠したりわざと見せて、相手との関係の調整に感情を使うようになります。はにかみや恥《は》じらい、わざと泣いてみせるとか、相手との関係を前提とした感情がつくり出されます。さらに事態を複雑にしているのが、脳で感情に関わる扁桃体《へんとうたい》の発達です。対人的な恐怖も伴うようになることも重要です。そしてそれだけでなく、成長するにつれてその文化固有のしきたりを獲得することも視線と大いに関係があるのです。

たとえば欧米人《おうべいじん》と比べると日本人は、視線を合わせることが少ないといわれています。同じ東洋人の中でも、日本人の視線の取り方は特別とみなされるようです。「日本人は顔ではなくて、ネクタイを見ているんだろう」と冗談交じりに語る中国人研究者もいます。

アイカメラで目の動きをしっかりと測定した実験からも、日本人の視線の特異性は明らかになっています。顔写真を一つひとつ見せて、どのように観察するかをアイカメラで調べたのです。その結果、日本人は顔を記憶する時は、あまり目を見ないことがわかりました。顔を覚えようとして相手を見るときには、日本人は相手の目から視線をそらし、少し下の口のあたりに注目したのです。対する欧米人は、顔を見る規則に則《のっと》り、顔を全体で見ようとしていました。視線を合わせないことは日本人の礼儀で、それがしっかりと身についているのでしょう。しかしこの見方は、顔を記憶するのが苦手な人の見方にも類似しています。ということは、日本人は一般的に、顔を覚えるのが苦手といえるのでしょうか？

その答えを示唆《しさ》する、別の研究があります。顔を覚える結果と矛盾《むじゅん》しているようですが、相手が笑っているか怒っているかといった表情を判断するときは、日本人は目の周りを見る傾向が強いそうなのです。こちらも欧米人は、顔を全体的に見る傾向があるのです。つまり日本人は、顔を覚える時は目を見ずに、表情を区別する時には目を見るという、矛盾した傾向があるのです。

## 心理学を利用する際の注意点

この結果を紐解《ひもと》くために、少々古い研究にさかのぼります。ここで少し話はそれますが、心理学での古典的な研究の取り扱い方の注意点について、少し触れておきましょう。科学的な心理学の中で古い研究をさかのぼるには、若いみなさんには注意が必要だからです。

心理学は日本では文科系の学科に位置していますが、そもそもが科学的研究であることを忘れずにいることは大切です。科学はしのぎを削《けず》って最新の成果を提案し、常に常識が更新される分野でもあります。もちろん心理学も同様ですが、心理学の中には臨床《りんしょう》心理学や犯罪心理学などのように、心理学を技術として利用する分野もあり、またその周辺には教育学など隣接する研究領域もあるため、この常識を忘れてしまうことも多々あるようです。

科学的な心理学では、新しいデータによって次々と古い常識が更新されていきます。にもかかわらず情報が更新されずに、過去の遺物《いぶつ》が未だに信じられ続けるような、奇妙な状況も見受けられます。でっちあげでしかなかった、狼《おおかみ》に育てられたとされる狼少女の伝説的な逸《いっ》話《わ》や、赤ちゃんは目も見えず耳も聞こえない、白紙のままで生まれるといった逸話が、つい最近まで教科書に残り続けていたことは、驚愕《きょうがく》に値することです。

そこまで極端な話ではなくても、技術革新《かくしん》とともに捨て去られるべき研究が、未だに研究として取り上げられようとしているところもあります。

残酷《ざんこく》な事例としては、精神医学でのロボトミー手術があげられます。脳の前頭葉《ぜんとうよう》を切除して精神疾患を治すというロボトミー手術は、医学の進歩により今では向精神薬に取って代わられましたが、当時はアイスピックで眼窩《がんか》から手術するという簡便な手法も考案され、結果多くの手術が行われました。これは、古い手法を捨て去る勇気を持つことも必要という事例といえましょう。過去の知見を伝える研究は、歴史的な知見としては重要であったとしても、これから研究すべきものではないということです。

心理学を応用として使う立場であっても、最新の成果を知らないことは問題となりえます。役に立たないどころか、実害すらあります。

たとえば単語の切り分けをはっきりさせ、言葉を獲得するにはワンワンやマンマといった「赤ちゃん言葉」が必須《ひっす》ということが、最新の研究で明らかになっているのですが、「赤ちゃん言葉を使ってはダメ」と大きな声で訴《うった》える人たちもいます。子どもを混乱させるからという主張なのですが、もちろん何の根拠もありません。つまり科学的なデータに基づいた最新の知識があるにもかかわらず、自分の経験に基づいた誤った実践を押し付けているわけです。

ここまで大きくなくても、小さな問題もたくさんあります。たとえばディスレクシア（言葉の読み書きが苦手な障害）は英語を使用する国に多く出現するので、幼少期の英語学習にはじゅうぶん配慮すべきであるということ。乳児期には母国語のしっかりした獲得が必要で、外国語のむやみな学習には注意を要すること。こうしたさまざまな知識の更新は、心理学に近接する仕事にかかわる人たちにとって、常に必要とされる態度なのです。

もちろん、過去の知見の中でも、技術的な格差を考慮した上で、「知識」として役立つものもたくさんあります。いまさらタイプライターを使ってレポートを書くように、その時代と同じように研究する人はいないわけですが、知識として知ることと、最新の成果があることを切り分けて把握することは大切なのです。

## 日本人の敏感さ

話を戻しましょう。二〇一〇年代に発見された日本人の視線の法則をもとに、古典的な研究を探ってみると、日本人の文化的背景がみえてきます。

一九七〇年頃に流行《はや》った、アメリカの発達心理学者アインズワースによる「愛着理論」による研究です。実験では、ひとつの部屋と協力者を使って、子どもを特定の状況に置き、その際の行動を調べています。

まずは知らない部屋に入り、お母さんと一緒に遊びます。やがて知らない女性が入ってきて、その後にお母さんが席を外すというシチュエーションをつくり出すのです。そこで出て行くお母さんにどう振る舞うかが、観察されるのです。

対象は、生後一二―十八か月の赤ちゃんです。お母さんの不在にまったくの無関心でいることも問題とされるのですが、アメリカの基準でいうと、お母さんが不在になっても、むやみに取り乱さないことがよしとされるのです。ところがこの実験を日本で行うと、ほとんどの赤ちゃんがお母さんの不在に明らかな不安を示し、追いかけたり泣いたりすることがわかりました。

欧米の基準からすると、日本の大半の親子は問題があるとみなされるのです。日本人の子育てがおかしいというのは、欧米基準のゆがんだ話でもあるでしょう。このことから、日本を含む東アジアは、欧米とまったく異なる基準を持った文化を持つことが明らかとなったのです。

最新の技術を駆使《くし》した実験からは、文化的な違いがもっと幼いころから始まることがわかっています。顔を見せたときにどこを見るか、視線の動きを追跡した実験から、七か月ころから文化による違いがあることがわかっています。つまり、日本人は赤ちゃんの頃から、表情を見るときに目を注視する傾向があったのです。

なぜこのような文化的違いが、幼いころから存在するのでしょうか。日本と欧米との表情を見るときの注目する部分の違いは、表情のつくり方の違いに原因がありそうです。

ハリウッド映画やアメリカのテレビ番組を見ると感じるように、欧米の人たちの表情のつくり方は大げさです。日本人が欧米に行くと、ただ街で人とすれ違うだけでも、ふだんよりも強く口の周りの筋肉を動かして、笑顔をつくらなければならない気持ちになります。欧米と比べると日本人の表情は、大きな動きが少ないのが特徴なのです。大きく口を開けて笑うよりも、にっこりと笑う目で、感情を伝え合う傾向があるのです。

それに従うように、日本人が表情を見るときの視線の行く先は、目に集中します。それはまるで、目で示された小さな変化を一所懸命に検出しようとしているように思えます。

視線の行く先から、日本人はデリケートな感情の伝え合いを読み取っていることが証明されたともいえましょう。それがなんと、生後七か月という小さな赤ちゃんでも習得しているのです。なんとも不思議なことですが、小さな頃から文化のシャワーをあびて、それが文化を形成していくともいえるのです。

視線の動きから、日本人特有の表情のやりとりの繊細《せんさい》さがわかりました。私たちはとても微妙な変化で表情を伝え合っていること、それをとても小さい頃から身につけているのです。一方でそれは、非常に洗練化されているがために、とてもわかりにくいものになっていることは、自覚しておくべきです。他の文化に見られないほどに洗練化されて細密化された感情のやり取りが、「空気を読め」とか、「空気が読めない」とか、そんな風にないことを責める方向にもつながっていくようです。でもそれはいわば特殊能力であり、本来は「空気を読めないことが当たり前」、そんな風に考える必要があるのです。

# 4章

# 「素敵な」証明写真
## ──顔は人物を表現するのか

橋口五葉《化粧の女》(1918 年)

## 顔写真、メディアの歴史

日本に写真技術が伝来したのは、江戸時代の終わり頃から明治時代にかけてのことでした。写真に写された人々は、はじめて自分の姿を目にして、どのように感じたことでしょう。自分の顔にびっくりしたり、恐怖を感じたり、こんな顔じゃないぞと怒りだしたりもしたのでしょうか。それ以前の江戸時代、当時のアイドルだった歌舞伎《かぶき》役者たちの姿は、ブロマイド代わりの浮世《うきよ》絵《え》として広まっていました。写真と浮世絵、その違いは、なんと大きいことでしょう。

他人や自分の顔をはっきりと写真という素材で見ることができるようになったのは、写真が大衆化してからのこと。それから二世紀ほどしかたっていません。長い人類の歴史からすると、とても短い期間といえましょう。

写真の発明もそうですが、それ以降のメディアの進化は、顔を見ることからすると、とても大きな歴史的な革命となるようです。新聞に、政治家や有名人や犯罪者の顔写真が載るようになりました。時代劇にあるように、瓦版《かわらばん》などに極悪人の似顔絵が描かれていたのが、実際の写真にとって代わられ、広く流布《るふ》するようになったのです。

より劇的な変化は、顔が動いて見える映画の発明でしょう。映画の普及で、多くの世界的なスターが生まれました。さまざまな国のたくさんのスターの顔を、それも目の前で笑ったり怒ったりする顔を、目にすることになりました。

さらにテレビの普及で、映像はより身近になり、さまざまな顔の人たちの振る舞いを、家の中で目にするようになったのです。遠い存在だった有名人の泣き笑いを、お茶の間で見ることになりました。演技上の泣き笑いだけでなく、その私生活までもがゴシップとして一般人に知れ渡ることとなり、身近な知り合いよりもむしろ近しい存在となっていったのです。

インターネット上で人々の交流がさかんとなってからは、たくさんの一般の人々の顔に触れることになりました。ちょっとした顔見知りや知り合いの数は、格段に増していくことになります。それは、革命的な変化といえましょう。

履歴書《りれきしょ》やホームページなど、顔が自分を示す目印となっていることは現代では普通のことですが、江戸時代の人からすると、相当に奇妙に映るかもしれません。

## 顔は人物を表現するのか

学生証の写真、履歴書の写真、お見合い写真、パスポートの写真や運転免許証《めんきょしょう》の写真、あらゆる状況で人物を証明するのは、顔写真です。当たり前のように思われますが、なぜ顔なのでしょうか。未来のＳＦ映画のように、目の瞳孔や指紋《しもん》で人物を同定することは、技術的には可能なはずなのに。

それはたぶん、人には、顔を使って人物を判断したがるところがあるからなのでしょう。

ふだんの生活を振り返ってみましょう。大切な人の写真を持ち歩くのは普通のことですが、それ以外の身体部位だったらちょっと変な気がすることでしょう。たとえば髪や爪を持ち歩くとしたら……それは違和感《いわかん》がないでしょうか。

そう考えると、身体の中で顔だけが特別であることがわかります。顔は、その人を示す標識でもあり、他人がその写しをちょっとだけ借りても許されるもののようです。顔はその人のものではありますが、その人と関係する人のものでもあってもよいようです。それが証拠に、テレビや雑誌に出てくるアイドル達は、堂々と自分の顔を見知らぬ他人に提供しているといえましょう。

自分自身を表現するものといえば名前がありますが、顔はそれを描いた名刺《めいし》のようなものといえましょうか。名前だけを見ても、無味乾燥《むみかんそう》でイメージがつかめないところがありますが、顔があれば、その人の雰囲気や印象や性格までも、一発で把握できた気分になります。

そんな気持ちを誰もが持つからこそ、人相《にんそう》判断が成り立つのでしょう。人相判断は、古くは古代ギリシャのアリストテレス（前三八四—前三二二年）や漢の時代（前二〇六—二二〇年）までさかのぼることができるようです。アリストテレスの著書には、ウシは柔和でのんびりで、イノシシは激情的で、ヘビは卑屈《ひくつ》で陰険《いんけん》だとか、動物の形態と人の性格を結びつける記述があり、それがヨーロッパの人相判断である「観相学《かんそうがく》」の基礎をなしたとされているのです。

一四世紀に始まったルネサンス時代には、動物の風貌《ふうぼう》と性格を結びつけた観相学の著書が多くみられますが、一九世紀になるとヨーロッパでは「骨相学《こっそうがく》」が大流行します（図4-1）。ウィーンの医師ガルによって発明されたもので、今風にいえば、頭蓋骨《ずがいこつ》で「プロファイリン

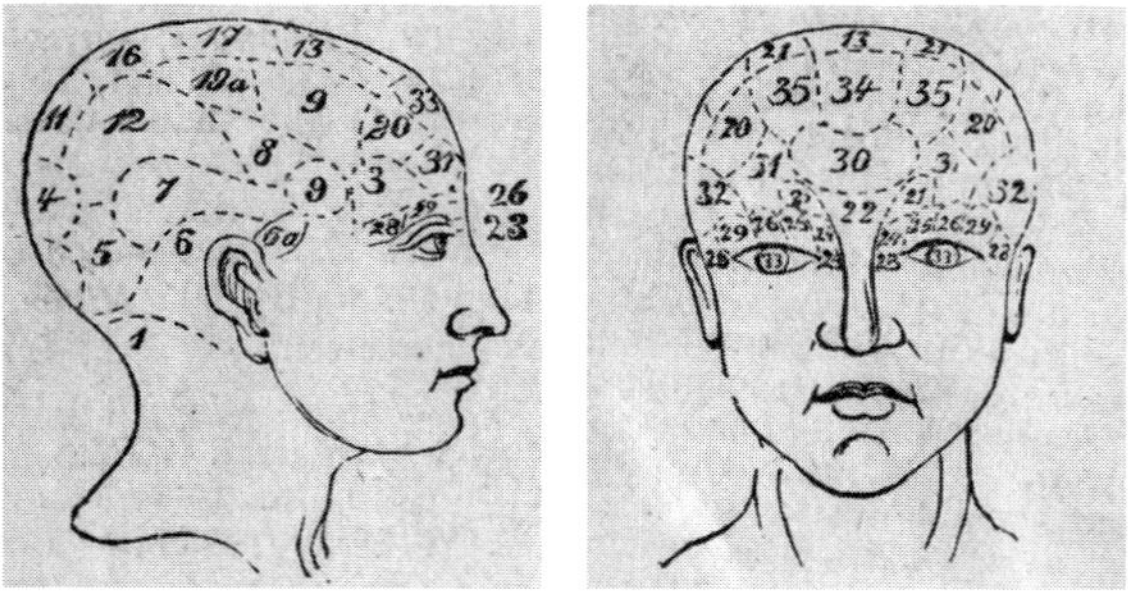


図 4-1　骨相学．頭蓋の形で人々の性格や素質を知るという骨相学は 19 世紀に大流行し，今では過去の遺物となっています．ただし脳のそれぞれの部位に機能が分散しているという考えは，脳科学の「脳機能局在論」として受け継がれています．

グ」するようなものです。頭を使う人は額《ひたい》が広くなるなどといったように、骨の形からその人の性格を類推することが、社交界のパーティーで大流行したようです。

もちろん現代科学からいえば突拍子《とっぴょうし》もないことですが、これが同時期に犯罪学者の祖とされるイタリアのロンブローゾにも受け継がれるのです。ロンブローゾは兵士や犯罪者の容貌《ようぼう》を比《ひ》較《かく》して、「肉体的欠陥《けっかん》があると犯罪を起こしやすい」と主張しました。そして「犯罪を繰り返すような人は、容貌も知性も類人猿に近く、先祖がえりの兆候《ちょうこう》がある」と主張したのです。

顔で人物や性格を類推《るいすい》するのは楽しいことですが、ここまでいくと、危険な思想になってしまいます。納得できないこともあります。これらの骨相学は当時流行《はや》った優秀な種《しゅ》を残そうという「優生学」とも一緒にされて、生まれつきで人や人種を差別する危険思想とみなされ、今では受け入れられていません。

ですが、もっと温厚な人相学は、今でも受け入れられているようです。その中に、フランスのコルマンの相貌心理学があります。小児科医としてたくさんの患者に出会った経験から、それぞれの人間性や性格とその顔つきの関連に気づいたのです。

ふっくらまるまるした、赤ちゃんのような人相はオープンマインドで外交的で、ともすれば周囲に流されやすい性格をあらわすといいます。逆にやせた顔は、周囲に流されない、内向的な性格をあらわすとしています。このように太っているかやせているかで、単純に性格を決定づけているだけでなく、さらにそれを目・鼻・口という部分に合わせてより細かい性格に分類しています。たとえば、鼻が大きければ感情的な人、顎《あご》の部分が発達していれば本能的な人、目・鼻・口は、それぞれ知性・感情・本能に対応すると言うのです。

どうでしょう。もちろん科学的な根拠はありませんが、当たらずとも遠からず、というところでしょうか？

## 写真にどう写るか

人相判断のように顔から性格を読み取ることは非現実的だとしても、顔から印象が形成されるのは、ごく普通のことではないでしょうか。集合写真を撮るとき、自分の顔がよく写るかどうかは、気になります。記念として残る卒業写真に気に入らない表情で写ったとしたら、かなり残念な気持ちにさせられます。

誰しも、少しでもよく見られたいところがあるものです。ほんの少しでも若く見られたい、あるいは若い人であれば年相応に見られたい、かわいく見られたい、まじめに見られたい……、願いは人それぞれでしょう。

写真写りの差は、思ったよりも劇的な印象の違いを生み出します。同じ人でも、撮られ方次第で、魅力が逆転することが研究によって明らかにされています。図4-2の写真を見てください。イギリスの顔研究者、バートン教授の研究室の実験です。上と下は同じ女性のペアですが、写真の写り方によって、魅力が逆転するのです。

初対面の人に対して印象をつくるうえでは、やはり、写真にどう写るかは大切なことなのです。写真の撮られ方の努力も、人それぞれです。計算づくで顔をつくって、写真におさまる人もいます。どの集合写真を見ても、いつも同じ顔で写っている人はいませんか。こっそりと人の後ろの方に下がったり、顔だけを後ろに引いたりして、小顔に見えるように努力す

図 4-2　左右のどちらの女性が，より魅力的でしょうか．上の写真では左，下の写真では右の女性に魅力を感じるとするのが大半の意見ですが，種明かしをすると，上下とも同じ２人の女性の違う写真が並んでいるだけです．写真の撮り方によって，魅力は逆転するのです．

る人もいます。タイミングを見計らって一所懸命に目を見開いたり、顎を引く人もいるでしょう。自分の顔のどちら側がよりよくて、どんなポーズにするとよく見えるかを気にして、いつも同じように写真に撮られる人もいます。さまざまな写真の撮られ方のテクニックがあるようです。

自分の名刺ともなりうる証明写真の撮影ともなれば、かなり緊張するものです。免許証やパスポートの顔写真も、一度撮った写真が何年も使われるわけですから、気に入らない顔で証明書をつくるのは、気が進まないものです。

人生を左右する就職活動の証明写真を、街角に置いてある機械で済ませてしまう人はあまりいないでしょう。縁起《えんぎ》をかつぐことも大切で、就職活動のための写真を撮る写真館の中には、「合格率九〇%」と宣伝する有名店もあるようです。こうした写真館では、印象よく見える照明の当て方にこだわり、撮影されるときの姿勢のとり方やメイクの仕方、表情のつくり方まで、プロのアドバイスを受けることができるのです。それぞれの職種に合わせた指導もあり、店によって得意の職業ジャンルがあるそうです。伝統あるお堅《かた》い職業専門から、航空会社やマスコミ専門の撮影を得意とする写真館まであると聞きます。

プロのカメラマンの技術は、多岐《たき》にわたります。人物写真を専門とする、プロのカメラマンのお話を聞いたことがあります。よい写真を撮るコツは、「被写体とうまくコミュニケーションをとる」とのことでした。リラックスさせてその人が持つ本当の魅力を把握し、その人がいちばん魅力的な顔をつくり出すようにもっていくことが肝心なようです。

プロならば、ただ撮影技術が高いだけではなくその人がよりよく表現されるよい表情を、うまく引き出すことができるのです。結果的にそれは、その人の魅力やよい印象を引き出すことにつながるのです。

撮る側の話を聞くと、撮られる側のコツも、わかってくるのではないでしょうか。コチコチに固まって緊張した無表情の顔は、NGのようです。そもそもが無表情は、その人の顔ではないからです(このことについては、次の章で詳しく述べましょう)。たとえば、黙《だま》って座って似顔絵を描いてもらおうとしても、似顔絵師は困ってしまうことでしょう。似顔絵描きも、モデルとコミュニケーションしながら描くことが、基本のようです。これぞ自分だと思う顔を見せないと、似顔絵にもならないのです。写真も同様です。リラックスして自分を表現することこそが、大切なようです。

リラックスともつながりますが、写真に撮られた顔の魅力は、撮影者によって変わるという研究があります。女性の顔は、女性カメラマンよりも男性カメラマンに撮られた方がより魅力的と評価されるというのです。写真を撮られることは、なかなか奥深い話です。

## 指名手配写真で犯人は捕まるか

これも、先ほど紹介したイギリスのバートン教授らの研究です。図4-3の写真を見てください。イギリス人を対象にした実験で、実際には、今一番売れているセレブの顔を並べています。コンピュータを使えば、みなさんも簡単にまねができる実験です。

この写真、たくさんの人々が並んでいるように見えますが、いったい何人の人の写真に分けられると思いますか？

実は答えはたったの二人。しかし実験での平均的な答えは、五人から七人でした。ちなみにこれが知っている人ならば、確実に二人に分けることができます。初対面だと写真の人物を判断することが難しい証拠の一つです。

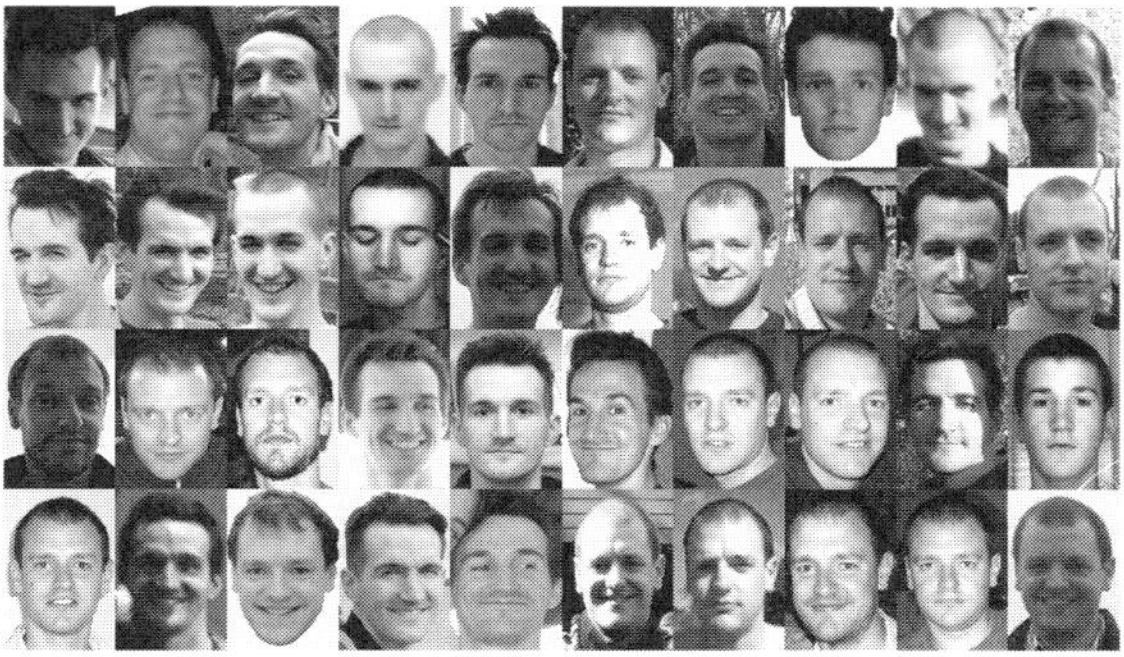

図 4-3　写真の男性は，実際は何人でしょうか？　同じ人の別の写真が混じっているので，それらをまとめると，少ない人数になるはずです．初対面で外国人なので，この問題は相当に難しいはずです．答えは本文を探してみて下さい．

みなさんもまねのできそうな実験ですので、実験のつくり方を、少し詳しく説明しましょう。

その国の人ならば誰もが知っている、有名人を同性・同世代で二人、それぞれ自分の国とよその国とで合計四人選びます。よその国の二人はあまり身近でないことが大切で、イギリスではドイツが選ばれていました。ドイツ人の有名人ならば、実験を受けるイギリス人にとっては全く知らない初対面となるからです。日本の実験ならば、日本人と同じような雰囲気の黒髪の黒目、ただし有名人ではあっても目に触れることのない中国や台湾の人を選ぶといいでしょう(韓国だと、日本でも知られている有名人が多いので)。

次に、選んだ有名人の名前を一人ずつ画像検索して、それぞれ上位二〇枚の画像を選んで印刷します。実験は日本の有名人と外国の有名人に分けて、二回行います。二人の写真を二〇枚ずつ合計四〇枚混ぜて並べ、これらの写真を同一人物に見えるグループに分けてもらうのです。たとえば二人に見えたら二つ、五人に見えたら五つのグループに顔を分けていくのです。このグループ数を調べたところ、知っている自分の国の有名人はきれいに二人のグループに分けられたのに、知らない外国の有名人は六人から七人のグループに分けられたのです。

どうでしょう。やはり初対面では、顔写真で顔を知ることは難しいようです。初対面の相手の顔だと特に、写真の写り方によって第一印象はまったく違うものになるのです。そうなると写真の顔は、どれだけ信じられるものなのか、疑問に思えてきます。お見合い写真を見て相手に会って、あるいは証明写真を見て初めて対面して、相手の印象が当初思っていたのとはちょっと違うということは、よくあることではないでしょうか。

最たるものは、指名手配の写真を手がかりに、捜索《そうさく》中の逃亡犯をつかまえることでしょう。

街角に貼《は》られた顔写真のポスターから見たことのない犯人を見つけることは、至難の技のようにも思えます。

これが逆ならば、話は簡単です。知っている人物を、写真の中に探し出すことは、誰もができることです。知っている人の顔は、知らない人の場合とは全く違う、縦横無尽《じゅうおうむじん》に対応可能な認識の仕方をしているのです。だから、時間がたって風貌が多少変わっても、髪型が変わっても、その人物を間違うことはないのです。

実際に指名手配犯が通報されるのは、見知っている隣人を指名手配の写真の中に見つけて通報する、そんな状況が多いようです。つまり、雑踏で見知らぬ犯人を見かけて通報するのは、テレビのニュースなどで取り上げられ、潜伏《せんぷく》場所が限定されていない限り、なかなか難しいのです。

ところが、そんな離れ業を職業とするプロがいます。それは逃亡犯を探すのが専門の捜査《そうさ》員です。「見当たり捜査員」と呼ばれる人は、いっぺんに数十人の犯人の顔を頭に叩《たた》き込んで、街中で犯人を探しだす仕事をしています。もちろん普通には絶対できないことですから、相当な努力をして覚えているのです。できるだけ多くの写真を手に入れて、捜査記録から犯人の人となりをしっかり頭に描いて、その性格や成り立ちをもとに、まるで身近にいる人物として想像するのです。想像力で、会ってもいない未知の人物を知りあいの人と同じ土台まで近づける、その努力と精神力による鍛錬《たんれん》はすさまじいものです。

ところで最近は、防犯カメラに映った犯人が動くビデオ映像を、テレビで流すことも多いです。特徴的な歩き方や仕草は、人物を判断する上では重要な手がかりで、見知らぬ人でも頭に入りやすいからです。人の動作は、人となりを的確にあらわします。次の章では動きを示す表情について、話していきます。

## 修正写真も「私の顔」か？

昨今では写真は加工することが普通となっているようです。誰でもパソコンで簡単な画像処理ができるようになり、もっと簡単なスマートフォンでの加工も含めると、写真の修正はずいぶんと手軽になっているようです。

雑誌に出ている芸能人の中には、いつも同じ雰囲気の同じ顔で登場する人がいます。雑誌が違っても出版社まかせにせずに、それぞれの事務所が主導して、同じように写真を修正することもあると聞きます。まるでヘアメイクの一部のようです。一昔前なら驚くようなことですが、今の時代であれば、それほど違和感なく受け止められるようです。

街角にある証明写真の機械にも、「美肌《びはだ》加工」と銘《めい》打っているものがあります。肌をきれいに見せるくらいは、ふつうの処理となっているのでしょうか。

写真の修整を気にしなくなったのは、プリクラの影響も大きいのかもしれません。写真をシールにして印刷する機械はプリント倶楽部《くらぶ》(略してプリクラ)と呼ばれていますが、これは特定の会社の製品名なので、一般的にはプリントシール機と呼ばれています。一九九五年に発売を開始して、最初のブームは二〇〇〇年でした。今ではこの時期にプリクラに慣れ親しんだ世代を対象にした、商品展開をしています。若者向けだけでなく、三〇代向けや中高年齢者に向けた商品が開発されているのです。

発売当初は、友達同士で一緒に記念撮影するだけだったのが、だんだんと写真の加工機能が増していきました(図4-4)。肌の肌理《きめ》を整えるのは基本で、細く見せたり、小顔に見せたり、特に目を大きくできることが、大きな特徴です。この目の大きさの加工には流行がある

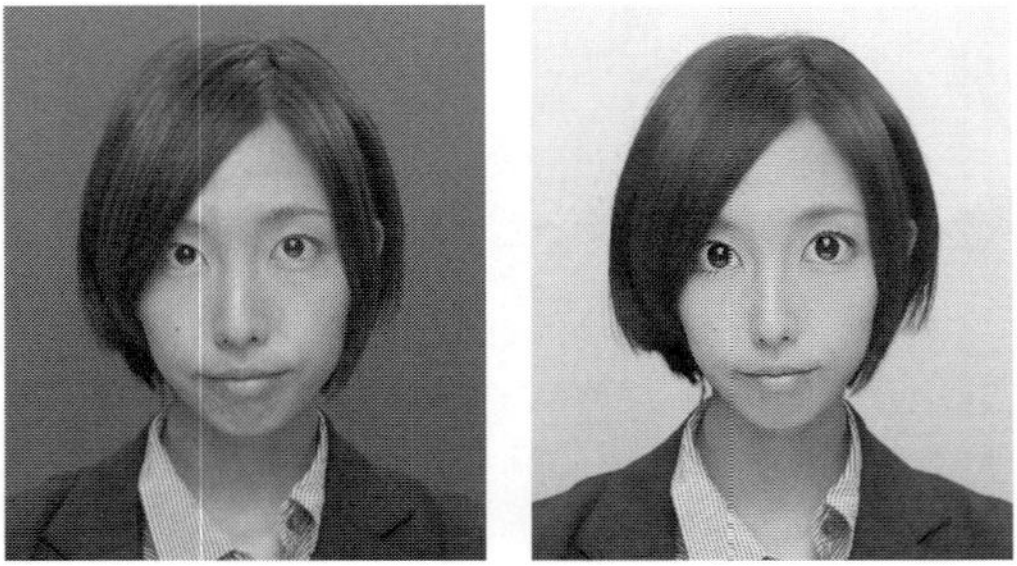

図 4-4　どちらの顔が好きですか？　プリントシール機で撮影された顔．加工前(左)と加工後(右)．目が大きく肌がきれいに見えるよう，加工されています．(写真提供：フリュー株式会社，プリントシール機 IP3)

ようで、大きく派手な目へと進化していったのが、あまりにも極端だという反動で、最近はやや控《ひか》えめが主流となっています。

ここで根本的な疑問が浮かびます。そもそもプリクラは、その人のほんとうの顔といえるのでしょうか。たとえば、犯罪に巻き込まれた被害者の顔写真がプリクラ写真だったりすると、その人の実像が写し出されない写真に、空虚さを感じないでしょうか。特に目が大きくゆがんで加工されたプリクラ写真は、その人の人格すら奪《うば》う力があるように思えます。

プリクラを欧米に輸出しようとしているそうですが、欧米では肌の補正以上の加工は受け入れられないようです。自分らしさがなくなるから、との理由です。自分の顔へのこだわりには、文化差があるようですが、そもそも、いつからプリクラがその人の写真として許容されるようになったのでしょうか。特にありえないほどに大きな目は、プリクラになれた日本人でも違和感があります。友達同士の間ではよしとしても、こうした写真を公にすることは、躊躇《ちゅうちょ》するのではないでしょうか。一方で、会社や学校に提出する証明写真でも修正されるのが普通の現在では、ほんとうの顔がわからなくなっているともいえましょう(もっとも最近では、行き過ぎた加工を「サギシャ(詐欺写真)」と呼んで自制しているようですが)。

翻《ひるがえ》って考えると、自分の顔とはなんでしょう。プリクラを受け入れない欧米でも、化粧《けしょう》は普通にすることですし、整形で顔を変えることも公然と受け入れられています。整形や化粧はよくて、写真の加工はダメというのは、日本人からすると不思議に感じます。ひょっとすると日本は、アニメやマンガの先進国であることから、どの国よりもデジタル環境を許容しやすいのかもしれません。そのためデジタル加工した顔も自分と思うことに、抵抗を感じていないのかもしれないです。

# 顔の加工――整形と歯科矯正

顔写真の加工の続きで、顔の加工についてもう少し考えてみましょう。デジタル加工よりもローテクな、整形手術と歯科矯正《きょうせい》の話です。

整形といえば、外国の方が進んでいるように思えます。特にお隣の韓国は、美容整形が安くて敷居が低く、大学の卒業記念に整形するとか、年配の男性政治家も整形しているとか、さまざまな話題を耳にします。美容外科学会の調査を見ると、整形手術の数はアメリカ・ブラジル・中国の次に日本と並び、人口数で割ると、ギリシャ・イタリア・韓国が上位に並ぶともいわれます。こうして比べてみると、日本と韓国とは大差ないともいえるかもしれません。

ですが日本人は、整形への心理的な抵抗感が大きいように思います。親からもらった身体にメスを入れることへの抵抗と、自然なままの方がよいという感覚とが、入り混じっているようです。一方の韓国は、強烈な受験競争や就職競争が有名であることから推測されるように、持って生まれた運命を自分の力で変えることをよしとしているようにみえます。

いずれにせよ、自分の顔に不満を持って変えようと決断するのは、自分次第だということには違いはありません。しかしそれには、注意すべきことがあります。冒頭に説明したように、ほんとうの自分の顔を知る術《すべ》がありません。鏡に映った左右逆転した顔は、まったく違う印象を生み出します。また、これまで説明したように、一枚の顔写真も、その人を正しく写し出しているとはいえません。

顔写真は撮影条件によって変わる、とてもあいまいなものでした。カメラマンのテクニックによって魅力的にも写せますし、逆に魅力的にみえなくしてしまうこともあります。そうなると、自分で自分の顔を正しく見る手段は、ほとんどないともいえるのです。

つまり、一時的な自分の気持ちや判断で、顔を変えようとするのは危険です。もちろん、実際の整形の際には相談しながら、自分の顔を見つめなおす段階が必要であることは、言うまでもありません。この見直しが不十分だと、何度も整形を繰り返すという最悪の事態にも陥《おちい》りかねません。

ところで根本的な疑問です。顔を修正する手段は、美容整形だけなのでしょうか。

顔の基本的な構造を見直してみましょう。顔を支えているのは、顎《あご》です。原始的な生物にとっての顔は、食物を食べる口だけでした。進化に伴い、様々な感覚を受容する目や鼻などの器官が集まり、ヒトの顔のような姿形《すがたかたち》になっていったのです。

食べ物をかみ砕《くだ》くためにできている顎は、他の顔の器官と比べると太くてしっかりとした骨でできています。顎の上に並ぶ歯を矯正《きょうせい》することにより、この土台の印象は変わり、それに従って顔の印象はずいぶんと変わります。整形したと噂《うわさ》される芸能人の中には、整形ではなく矯正をしていた場合もあるようです。ちなみに矯正は歯科医によって行われます。顔を変えることにも、いろいろな手段があるようです。

## 肌にあらわれる、健康と魅力

また、顔の印象をつくり上げるのは、土台となる骨格もさることながら、顔をうめつくす細かい筋肉と脂肪《しぼう》の力も大きいようです。若い人たちにとっては関心が薄いでしょうが、世の中に出回っている美容関連商品の大半は、皮膚のたるみ、シワやシミの改善にかかわるも

のです。

鏡で目元や口元を確かめるお母さんの姿を見たことはあるでしょうか。よく観察すると、シワは顔をつくり上げる筋肉の隙間《すきま》にできることがわかります。その人の顔かたち、筋肉の使い方の癖《くせ》によって、シワのでき方は変わります。額《ひたい》や眉《まゆ》の間や目の横にできあがるのが「ちりめんジワ」、鼻の下には「ほうれい線」、口の横に人形劇の人形のようにできあがる「マリオネットライン」、それぞれのシワには名前があります。シワやシミこそ、美容整形によって変える効果が高いものといえましょう。

インターネットやワイドショーを時折騒《さわ》がせる話題のひとつに、ハリウッドスターたちの整形疑惑があります。西洋人は日本人と比べると顔立ちの変化が目立つ上に早いようで、つい最近までキラキラと輝いていたスターが、ドラッグや不健康な生活で、あっという間にやつれた姿となっているのを見ると、ほんとうに驚かされます。

不健康な生活は、顔の劣化《れっか》を加速させます。イギリスで顔の魅力の研究を行っているペレット教授は、顔の経年変化の様々なシミュレーションを試みています。その中に、健康な生活を送った場合とタバコを吸い続けた場合とで、それぞれどのように顔が変化するかを示す合成写真がありました。同じ人が健康な生活をした場合の二〇年後の顔と比べ、タバコを吸い続けた際の劣化の激しさとシワの多さには、目をみはるものがありました。タバコなどの化学物質はビタミンCを破壊し、結果的に肌の弾力をつくるコラーゲンの生成を妨《さまた》げるそうです。顔のはりと弾力性の喪失《そうしつ》は、顔の魅力を失う最大の原因といってもいいでしょう。

では、不健康な顔は、なぜ嫌われるのでしょうか。ペレット教授は、健康的な肌の色は魅力につながるという、魅力と健康との関係も調べています。それによると、生物は不健康な個体を排除する性質があるということです。また、自分の子どもが健康な遺伝子《いでんし》を持って生存競争に勝つため、健康的な異性を配偶者《はいぐうしゃ》に選ぶよう、遺伝子によって操作されているともいうのです。人間は必ずしも動物と同じではありませんが、健康的な美しさが好まれることは、テレビCMのタレントなどを見れば納得できると思います。

要するに顔の魅力とは、健康的で若々しいことにあるともいえます。わざわざ土台を変える加工をしなくても、若い肌だけでじゅうぶん魅力があるのです。

そもそも他の身体と比べ、顔は小さい面積の中に目鼻口が並んでいて、整形したとしても、それはとても小さいのです。この小さな面積の顔を、効果的に装《よそお》う方法があります。それが化粧です。

## 化粧で変わる？

　肌で魅力が左右される話の続きでいえば、化粧でも、美肌は大きなポイントとなっています。お白粉《しろい》は古くは飛鳥《あすか》時代から存在し、お白粉と赤い口紅は古くからの日本人の化粧の象徴のようにも思えます。現代でも日本人をはじめとしたアジアの人々は美白にこだわりますが、一方で欧米人は日焼けした肌が優雅にバカンスを過ごした証拠として尊重されるようです。健康を魅力として感じるという点でいえば、日焼けした肌の方が優位に立ちそうです。

　美白については、ナチュラルで健康的な表現をするように進化しています。平安貴族の化粧のように、真っ白の能面のような顔だと不気味です。今では、ファンデーションで艶《つや》や「透明感」が出せるようになっています。ファンデーションを塗っているのに透明感があるというのは不思議ですが、光をうまく拡散《かくさん》させることによって、シミやそばかすを隠しながら、肌の透明感を作り出すのです。頬紅《ほおべに》も、小道具として使われます。頬を赤くすることに健康に見せることでもありますが、頬の赤さで肌の透明感を際立《きわだ》たせることができるのです。さらに頬紅と同じく口紅も唇《くちびる》の血色をよく見せ、健康的に表現します。

化粧ではいろいろな細工がほどこされ、より気軽に顔を変えることができます。気軽な分、あまり効果はないと思ってはいませんか。ところが実は、顔の土台となる目鼻口の配置すら、化粧でつくり直すことができるのです。錯視《さくし》を利用するのです。

もっともよく利用されるのが、眉です。眉は目の枠のような役割を果たしますから、眉の形や位置を変えるだけで、目の形や大きさまでも変えて見せる効果があります(図4-5)。

事件を起こして逃走中に整形した犯人が話題になったことがありました。逮捕時の顔の変わりようには驚きましたが、整形より前に、自分で眉を剃《そ》って変装した顔の変化も劇的でした。眉を剃ってつりあげた感じにしたら、目もつりあがったように変わって見えたのです。その変化は、整形に勝るとも劣らないものでした。実際のところ、美容整形外科で手術する際に、誰にも犯人と気づかれなかったのですから、すごいことです。眉を変えるだけで、さまざまな芸能人の真似ができるというパフォーマンスもあるそうですから、眉は、劇的に顔つきを変えるすばらしい素材なのです。さらに眉だけでなくそのまわりにある眼鏡も、フレ

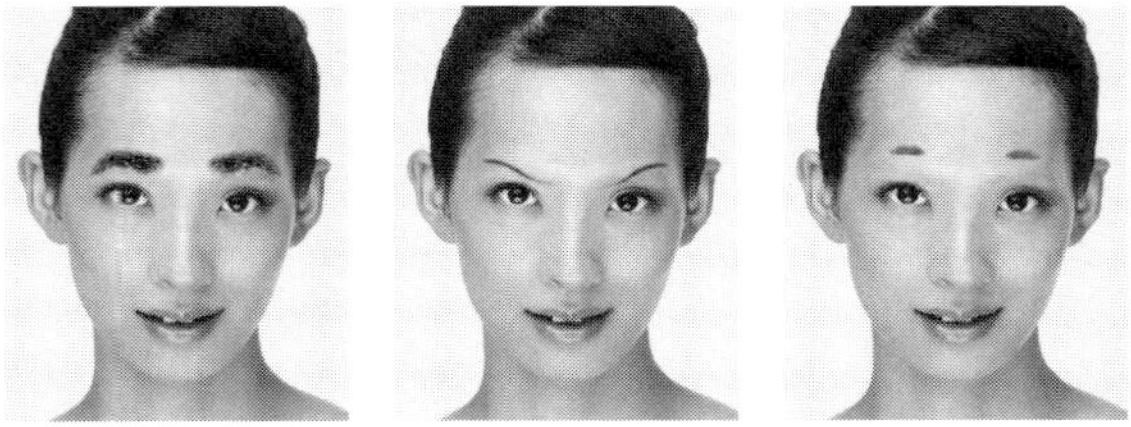

図 4-5　眉の効果．眉の傾きや位置を変えるだけで，目の形や大きさ，顔のパーツの配置を変えて見せることができます．

ーム次第で目を大きく見せる効果があるとのことです。目と同じカーブの形が効果的で、灰色より黒色のふちが効果的だそうです。

3章でも説明したように、人は目に注目するので、印象を変えるのに目の周りを工夫するのは最も効果的といえます。注目して見る分、ちょっとした変化に敏感で、そのため化粧の効果も大きくなるのです。

この、見る側が敏感に感じるということが、化粧の演出の基本となります。敏感に見えるからこそ、錯視によってだまされる効果が大きいのです。実際に眉もアイメイクも、錯視を利用しています。その効果は絶大で、整形をしなくてもアイメイクで目は大きく見えることが実験で明らかにされています。心理学実験で得られた数値は、化粧品のコマーシャルの宣伝文句にも使われています。

たとえばアイシャドウで一〇%目を大きく見せることができ、アイラインを濃《こ》くすれば五%、マスカラをつければ六%大きく見せることができるというのです。ちなみに目が大きすぎるプリクラが避《さ》けられるように、目は大きいほどよいとはいえないようです。これも実験からわかったことですが、目の大きさは「平均より七%増し」が最も魅力的とのことです。

目の周りを飾る化粧はさまざまありますが、目の周りのメイクは、古くはエジプト時代のクレオパトラの、濃いくっきりしたアイラインにも見られます。魔よけの意味もあるのでしょう、濃いアイラインやアイシャドウは、目力《めぢから》をつけることができるのです。

もうひとつ、平坦な顔のアジア人にとって朗報なのは、化粧は立体感を演出する効果もあることです。シャドウで影を入れたり、ハイライトで明るさを強調することによって、立体感をつくり出すことができるのです。絵を描くように立体感を強調しているわけで、たとえば鼻の横に影を入れれば、鼻の形や高さを変えて見せることもできるのです。

錯視ということから、化粧がもっとも映えて見える距離があるそうです。目の錯視は意外にも、少し離れた遠距離(五メートル)からの方が、目の前にいる場合(六〇センチメートル)よりも効果的に見えるそうです。ちなみに魅力の研究から、遠めで見るときと、近い距離で見るときで、魅力を判断するポイントが異なるという結果もあります。一〇〇メートルと、とても遠いところから見ると髪型でしか判断できず、五〇メートルだと唇、しかも下唇の色が効くというのです。よい印象をつくるためには、化粧を効果的に使うことも大切なようです。

## どんな顔になりたいか、どんな顔を見せたいか

写真や化粧で顔をつくる話を進めていくと、ほんとうの自分の顔がわからなくなるようです。ここでひとつ、質問です。もし顔を変えることができるとしたら、どんな顔になりたいですか。アイドルのようなかわいい顔、あるいはもっと大人っぽい顔になりたいですか。

観察してみると、顔の魅力にはさまざまなタイプがあることがわかります。ときに女性雑誌に理想的だといわれる顔もありますが、それでも完璧《かんぺき》な顔とはいえないかもしれません。最後の章に述べますが、それぞれの顔には長所と短所が必ずあるといえるのです。そしてたいていの魅力的な顔には、好き嫌いがあります。完璧な顔があるとしたら、誰もがノーと言

わない、整った顔になるでしょう。しかしこの種の顔が完璧かというと、芸能人には向かないのです。

売れている芸能人の顔を思い起こしてみましょう。それぞれ、どこかに特徴を持っているのではないでしょうか。完璧で整った、平均したような顔は、引っかかりがなくて記憶に残らないのです。このような顔は、たくさんの人たちであふれていて、自分を覚えてもらうことが何よりも優先される芸能界では、なかなか生き残れないことでしょう。どこかに引っかかりがあり記憶に残りやすい顔の方が、芸能界では有利なのです。

芸能界の例は極端にも思えますが、ふだんの生活の中でも、この種のことは起きているのではないでしょうか。あなた自身の個性のような引っかかりがないと、周りに自分を覚えてもらいにくいのかもしれません。

さてもうひとつの質問です。この世に完璧な顔が存在しないとしても、それでも、あなたが変わりたい顔になれたなら、あなたはあなたのままでいられるでしょうか。顔は心から切り離され、お面のように交換できるものなのでしょうか。

ある顔になったとしたら、その顔らしいことが望まれて、その顔らしく振る舞わなければならない。そういう固定観念がありはしないでしょうか。そうであれば、よい顔をもてば、よい人生を送ることができるのでしょうか。美人や美男子は、得をしているのでしょうか。

先述したように、社会心理学の研究では、美人や美男子は「いい人」という先入観に苦しめられていることがわかっています。つまりよいことをしていても当たり前と見られ、逆に少しでも悪いことをすると、ものすごく悪くみられてしまう。他人と同じようなことをしても、自身の評価は低くなるというのです。

顔や風貌は、誰もが思い悩むところがあるのです。特に思春期に強く悩むのは、思春期特有の心と身体の変化にあるのかもしれません。心身の急激な成長の中、自分探しでもがく思春期は、ときに自分を見失うこともあります。

この時期の混乱は、親の側にもあるでしょう。はじめて目の前にする、子どもの急激な成長には、親の戸惑いも大きいのです。成長を受け入れることには、当事者と周囲とでは、隔《へだ》たりがあります。当人が成長したと思っていても、周囲はまだまだ子どもと思ってしまうのです。むしろ親の方が、受け入れに時間がかかるのです。

周囲と自分の成長とのギャップは苦しいものです。自分の風貌を変えようと思ったとき、顔よりも手っ取り早く変えられるのが、体重です。スタイルづくりのためのダイエットに走る女性は多いです。モデルのような体形になってきれいになりたいという願望は普遍的《ふへんてき》で、小学生向けのファッション誌ができてから、この願望も低年齢化しています。また一方で、大人になりたくない、成熟したくない願望が極端となって、ふくよかな女性らしい身体を拒《こば》んで食を拒絶することもあります。

もちろん、自分を知った上でのダイエットであれば、なんの問題もありません。しかし中には、自分の状態がわからなくなり、異常なほどの体重制限を課してしまうこともあります。極端にやせた手や足、たったの三〇キロの体重を理想と思いこみ、ガリガリにやせ細っていく。病院で人工的な栄養補給をしないと助からないほどの状態になる場合もあります。「思春期やせ症」と呼ばれるこの病は、歯止めが利かず、死の危険すらあります。

そんな少女たちを対象に、自分と他者の顔を見ているときの脳活動を計測したことがあります。実験の結果、一般的には自己の顔への脳活動は高くても他者の顔への活動は低いのに、こうした少女たちの場合は他者の顔への活動も高いことがわかりました。周囲への関心の高さが見受けられるようです。

思春期の急激な成長の中で、自分に対する見方がゆがんでしまうということは、実はよくあることなのかもしれません。では、なにに注意すべきなのでしょうか。

それにはまず、自分で見ることのできない自分の姿を、なるべく客観的に知ろうとする努力が必要でしょう。そのためには、社会の中にいることが大切です。それは学校でなくても、友達やコミュニティ、なんでもかまいません。自分の顔は、他人の目を通してしか見えないのですから、他人との関係が必須《ひっす》なのです。他者とのコミュニケーションを通じて自分の顔を知り、心にあった顔になるためには、社会の中に生き、よりよい人間関係を築く努力をすることが必要なのです。

# 5章

# 魅力的な表情をつくる

ヨハネス・フェルメール《真珠の耳飾りの少女》
(1665年頃)

## 表情がつくれないと、どうなるの？

前章からの、魅力の話の続きでいうと、顔中にはりめぐらされる筋肉こそが、顔の魅力に貢献《こうけん》します。私たちの表情をつくりあげているのは、この筋肉なのです。前章では、写真に写った顔が自分らしく見えないことについて話をしましたが、主な理由に筋肉の働きがあるのです。

ここで質問です。親しい人の顔を思い起こしてみてください。

どんな顔が思い出されますか？

友達の笑った顔、先生の怒った顔……、思い出すのは、さまざまな表情がついた顔ではないでしょうか。逆にいえば、無表情の顔を思い出すのは難しいでしょう。

つまり親しい人の顔は、表情付きで覚えているのです。口を大きく開けて楽しそうに笑う友人、はにかみがちに笑う友人、それぞれがよく見せる表情で覚えています。

表情には、その人の人となりがより強くあらわれるのです。その人の顔とは、その人がよくする表情なのです。

ふだん元気でエネルギーに満ちて美しかった友達が、ふと見せるぼんやりした無表情の顔を見て、印象が全く違って驚いたことはないでしょうか。無表情の顔には、魅力も個性もそぎ落とされてしまった印象があるように思います。顔はつくりではなくて、表情なのです。それには表情をつくる筋肉の動きが、大きく貢献しています。

もし、表情がつくれないとしたら、どんな人生を送ることになるのでしょうか。実は、表情をつくることができなくなる病気があるのです。

表情をつくる筋肉を動かすことができなくなる、顔面麻痺《まひ》は身近にもみられる病気です。ストレスが原因で起きる顔面麻痺は、芸能人がなったと騒《さわ》がれることもあります。一度は耳にしたことがあるのではないでしょうか。

顔面麻痺には、治りやすいものからそうでないものまで、さまざまな種類があります。実は筆者も、ラムゼイハント症候群《しょうこうぐん》と呼ばれる顔面麻痺にかかったことがあります。水ぼうそうを起こすウイルスがストレスをきっかけに再発し、ふつうは水痘帯状疱疹《すいとうたいじょうほうしん》となるのですが、たまたま顔面神経に近いところで活動すると顔面麻痺となるのです。麻痺から回復することはできたのですが、麻痺した当時のつらさには、他の病気にはみられない、独特のものがありました。

顔面麻痺は、片側の筋肉だけが麻痺することが多いため、表情をつくることには難儀は感じません。どちらかというと、口の開け閉じに不自由を感じ、満足にしゃべれないことと、食事の際に不便を感じました。しかしそれは自分の実感であって、周囲の印象はちょっと違うようでした。まったく気づかなかったのですが、表情の少ない顔をしていることが、家族にはとても苦痛だったようなのです。

周囲の違和感《いわかん》、これが表情をなくしてしまった時に起きる最大の問題なのです。

## 表情はコミュニケーションの原点

表情をなくすだけで、その人を取り巻く状況はがらりと変わります。なぜでしょうか。

脳の障害により、少しずつ運動機能が低下して、姿勢の維持や運動の速度調節がうまく行えなくなるパーキンソン病は、表情もとぼしくなることがわかっています。パーキンソン病はアルツハイマー病のように、老人では比較《ひかく》的身近な病気です。みなさんも、名前を聞いたことがあるかもしれません。

パーキンソン病では、進行するとベッドや車椅子《いす》での介助が必要な生活となります。身体が動かなくなることは大きなショックで、家族にも大きな負担となります。ですがそれ以上に、患者本人が無表情であることは、病人を支える家族に大きな壁として横たわるようなのです。

パーキンソン病患者は意図的に表情をつくることはできるのですが、瞬時でつくる意図しない表情の動きができなくなるのです。意図的な表情ができればじゅうぶんかと思うかもしれませんが、そうではないのです。意図しない表情がないとすると、その苦労ははかりしれないものがあります。

それは、友達となにげない会話をするときにも、あてはまります。こうした際に、周りを気にせずマイペースで一人喋《しゃべ》りする人は少ないでしょう。楽しい会話のやりとりの背後には、微妙な表情のかけあいがあるのです。相手の微妙な表情の変化を見て、この話はこれ以上しない方がいいなとか、この話は面白いから続けようと、話は進んでいくのです。もしそこにまったく表情の変化がないとしたら……なんとも話しにくいことでしょう。

面白い話に思わず吹き出したり、嫌な話に思わず不愉快な顔をしたり、これらの表情は意図せずに自発的に生じるもので、円滑《えんかつ》なコミュニケーションをするためには必須《ひっす》なのです。

人と違和感なく会話が続くのは、表情のリアクションがあるからこそなのです。表情をなくすと、味気ない人生を送らざるをえない可能性があるのです。

パーキンソン病の患者の場合、介護している周囲からすると、昔のように会話できないことは、なによりつらいことなのです。しかも自分が表情をつくることができないだけでなく、他人の表情の認識も鈍《にぶ》るようなのです。自分が表情をつくらないと、情動的な顔を想像しにくくなるといわれているのです。

自分が表情を失ったとき、周囲はどのように変わるのか、注意深く観察した人がいます。顔面神経麻痺で顔面筋のコントロールを失った元患者による報告です。

周囲は決して意地悪をしているわけではないのですが、表情の乏しい人には、イエスかノーで答えるような簡単な質問しかしなくなるといいます。会話が成り立つような、広がりのある質問をしないというのです。これでは会話をしようとしても、どうにもなりません。

そもそも無表情とは、表情がないだけでなく、もっとネガティブな雰囲気をかもし出してしまっているようなのです。こわばった顔は、本人はそう思っていなくても、「イライラしていて不機嫌」なように見えてしまうのです。それだけでなく、「お前には興味ない」と言っているように、あるいは「私は鈍いし、退屈ですよ」と言っているように、とらえられてしまうといいます。無表情の顔でいると、その人の魅力すらも消え失せていくようで、結果として、近寄りがたい存在になってしまうのでしょう。

周囲の受け止め方がそんな感じだと、本人も周りへの興味を失うという悪循環に陥《おちい》っていきます。そして内に閉じこもり、顔や世界から遠ざかって生きようとするようになってしまうということでした。

しかしこれらすべての状況は、顔面麻痺が消え、表情がよみがえると、消え去りました。すべてのことに関する興味や情熱までも、取り戻したように思えたそうです。

こうしたことからも、表情がつくれないだけで、ひどい苦労をすることがわかります。人との関係をつくるためには、表情を持つことが必須とされる所以《ゆえん》なのです。それではもし、生まれつき表情をつくることができないとしたら、どんな人生を送ることになるのでしょうか。メビウス症候群という、生まれつき顔の両側の筋肉に麻痺が生じる病気があるそうです。先の顔面麻痺のように、しだいに周囲から遠ざかり、うつになることもあるそうですが、生まれついて表情がない場合、もっと大きなハンデを生み出すことになるようです。激しくまき起こる情動をコントロールできないとみなされがちだというのです。なぜ、そうなるのでしょうか。

## 表情は感情とつながっている

表情は、心の中に生じる情動の発達のためにも大事な役割を果たすのです。

自分の感情が、どのように発達したかを思い起こしてみましょう。小さい頃に癇癪《かんしゃく》を起こしたり、欲しいものを泣いてねだったりした記憶はありませんか。

泣いているばかりの赤ちゃんから自我が芽生え始めた二歳をすぎたくらいの頃、気に入らないことがあると癇癪を起こし、欲しいものを泣いてせがんで、自分勝手に感情を爆発させる時期が続きます。第一次反抗期と呼ばれるこの頃、わがままな感情の爆発は根気強くしつけられて、感情をコントロールできるようになっていくのです。思い通りにいかなくても我慢する、人前ではわがままを言わない、特にネガティブな情動は抑える……これらは友達やきょうだいと仲良くするために、家庭や学校で学習されてきたことなのです。

当たり前のように過ぎてきたこの時期、もし表情を使って自分の感情を出す機会がなかったら、どうなるでしょうか。もちろん表情をつくることができないからといって、感情がわかないわけではないのです。感情はふつうにわきますが、表情がないため、周りの大人に自分の感情に気づいてもらえません。結果、感情をコントロールする訓練を受けるきっかけを失ってしまいます。こうした訓練を受けずに大人になると、ネガティブな情動を自分で止めることができずに、暴走してしまいかねないというわけです。

また、ふだんの生活の中では、思わず発した相手の小さな表情の変化から、その人がなにを感じているかを推《お》し量り、互いにぶつかり合わないようにしているところもあります。こうした小さな感情のぶつかりあいを体験していないと、自分の小さな感情の変化に対処できないことにもつながります。感情の経験はネガティブな感情だけでなく、ポジティブな感情

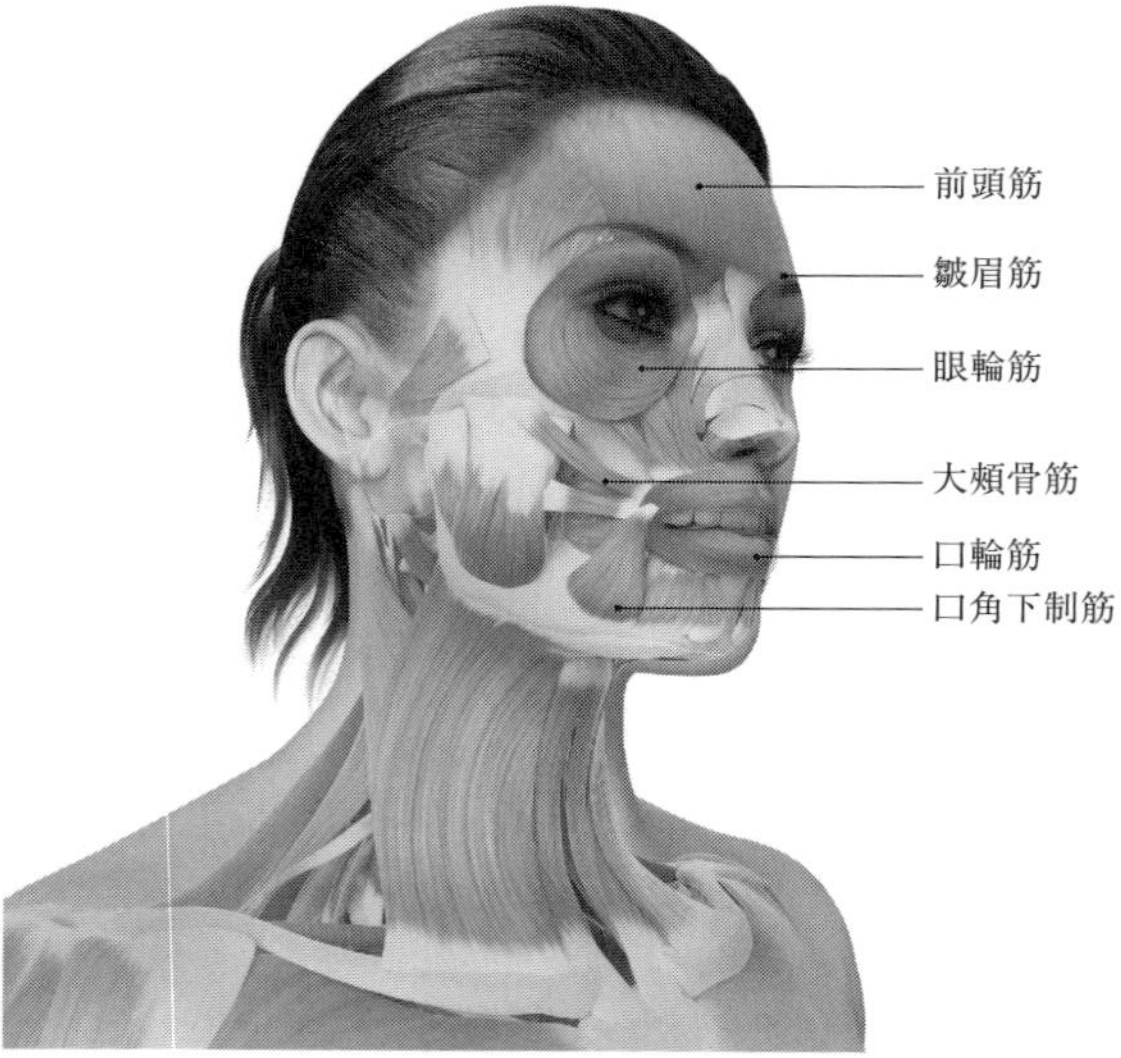


図 5-1　表情を作り出す顔面筋．微笑む時には大頬骨筋が，ネガティブな表情では皺眉筋が働きます．

を産み出すことにも必要です。大笑いすることで感情を強化することがないと、そういった感情を体験できなくなってしまうというのです。

表情と感情の直接的なつながりを、ペンや箸《はし》を使って体験することができる、こんな実験があります。

ペンや箸を横にして口にくわえてみてください。ペンをくわえると口角があがり、微笑をつくる時の筋肉である大頬骨筋《だいきょうこつきん》が動きます。たったこれだけで、気分が変わるという研究もあります。もともと何の感情がわいていなくても、筋肉を動かすだけで、感情がわきあがるというのです。大頬骨筋はポジティブな表情と感情に働きかけますが、眉《まゆ》を寄せる時に働く皺眉筋《しゅうびきん》はネガティブな表情をつくる時に使われ、この筋肉を緊張させることによってネガティブな感情をつくり上げることができるといわれています。

なんとなく人とうまくいかないなと思ったら、自分の顔の動きに気づいてみる必要もあるかもしれませんね。

## 魅力的な表情をつくるために必要なこと

表情がないと顔の魅力はなくなるといいましたが、それはなぜでしょうか。

表情の中では、笑顔が特に大切です。たくさんの人が並んでいる中で、笑顔は目に付きやすく、笑顔の顔は記憶されやすいといわれています。

それには脳の動きが関係しています。笑顔は、脳にとって報酬として働くというのです。

先述したように、笑顔の顔と名前との記憶には、金銭的な報酬をもらうときに活動する、前《ぜん》頭葉《とうよう》にある眼窩《がんか》前頭皮質《ぜんとうひしつ》が、記憶にかかわる海馬《かいば》とともに働くのです(図2-5参照)。

笑顔が報酬となるのは、人の最大の特徴といえるものかもしれません。犬やイルカなど、動物に芸を教えこむ時のご褒美《ほうび》はえさとなりますが、人では違います。もちろん人間でも、ご褒美にご馳走《ちそう》してもらうこともありますが、その目的はご馳走よりも、周りにほめられることではないでしょうか。先生や両親などからほめられることが最高のご褒美(報酬)で、笑顔はその延長なのです。これは「社会的な報酬」と呼ばれます。見知らぬ人に電車で座席を譲ってあげたり、道を教えて喜ばれること、そこで見た笑顔もご褒美となるのです。

では、笑顔の逆は、なんでしょうか。怒った顔は、笑顔と同様に素早く認識されます。たくさんの群衆の中で怒っている顔を見つけたら、危険人物として近づかないことです。避《さ》けなくてはいけない危険人物を記憶することは、生き抜く上では大切なことだからです。

より現実的な問題でいえば、近所でなんとなく不審《ふしん》な行動を取るような人、友達関係でも貸したお金が返ってこないような人、そんな油断のならない人物は後々損をこうむらないように、頭に入れておかねばなりません。そういうことから信頼感のない顔は、記憶しやすいといわれています。ただし、記憶する脳の仕組みが、笑顔とは違っています。顔や人物のネガティブな情報の処理や、社会的・精神的に傷つく感情の処理、そして罰《ばつ》の処理に関与するといわれる島皮質《とうひしつ》と記憶にかかわる海馬との相互作用があるといわれています(図2-5参照)。損をしないように脳が働いているかのようです。

自分の身体の一部であるはずの顔は、単なる身体の一部という枠をこえ、周囲の世界と自分とをつなぐ、パイプ役となっているようです。

## 文化によって表情は異なるのか

コミュニケーションの基本となる表情は、社会の中で生きていく上では欠かせないものですが、動物も表情を読み取ることができます。表情は、社会をつくる動物にも備わっているのです。ただし動物では顔ではなく、身体全体で情動を表現します。
イヌを飼っている人ならば、実感できるでしょう。吠《ほ》えるイヌは、毛を逆立てて尻尾《しっぽ》をたちあげています。身体を大きく見せて、怒りを表現しているのです。降参した方のイヌは、尻尾を丸めて足の間にはさみます。ひっくり返って、おなかを見せることもあります。自分

の弱い部分を見せて、攻撃する意思がないことを示しているのです。このように表情は、イヌ同士の社会関係をつくるために利用されているのです。

イヌやネコが好きでよく一緒に遊んでいる人には、笑いの起源を見つけることもできるかもしれません。息を荒げて舌を出すイヌの口元はほころんでいて、そこに喜びが表現されているのです。猫も遊びがこうじて興奮すると、こうした表情を見せることがあります。

動物に起源を持つ表情表現は、人間では顔に集中するようになりました。表情は生まれつきで、世界共通といわれています。外国に行って言葉が通じなくても、ジェスチャーを使えば、意思の疎通ができます。それは感情表現が共通だからです。

悲しいときは涙を流して泣き、うれしいときはにっこり笑う……基本的な喜怒哀楽が表情で通じないとしたら、困りものです。

とはいえその一方で、表情にも文化差があることがわかりました。そもそも「郷《ごう》に入《い》っては郷に従え」ということわざがあるように、文化が変われば「振る舞い」も変わることは自明のことでもあります。ホームステイなどで海外の暮らしを体験してみると、ちょっとした違いを感じることもあるでしょう。特に欧米で暮らすとなると、いつもハイに演じ続けるしんどさを感じる人もいるでしょう。喜びは積極的に表現しなくてはいけない、知らない人でもすれ違ったらにっこり挨拶をする、そんな習慣に疲れてカルチャーショックで引きこもってしまう学生もいると聞きます。

欧米と日本とでは、表情をどう表出すべきかのルールが違うのです。プレゼントをもらったとき、テストでよい点を取ったとき、ポジティブな感情は大げさに表現するように、欧米では求められるのです。一方の日本では、自分だけが得したことを大っぴらに表現することを控えます。周りの目を気にして、喜びを大げさに表現することを控える日本人の行動は、欧米では不審に思われてしまうことすらあります。まさしく異文化です。

マスコミの前で赤ん坊のように大泣きする議員が、話題になったことがあります。いい年をした大人が人前で恥《は》ずかしいと、日本人でも拒否感を持ちますが、人前でネガティブな表現を自制する傾向が強い欧米では、さらにありえないこととして映ることでしょう。

このようなふるまいの違いだけでなく、相手の表情を見るとき、顔のどこに注目するかが、文化によって異なることもわかりました。先にも触れたように、相手の表情を読み取る時、欧米人は顔をくまなく見るのですが、日本人では相手の目に注目するのです。

これには、表情のつくり方の違いが影響しているようです。欧米人の表情はどちらかというと意図的に大きく表現されますが、そうした場合、口に大きく表現されます。口角をしっかりと上にあげて大きく喜びを表現するのが、欧米人の表情のつくり方だとすると、目でにっこりと自然な表情をつくり出すのが、日本人です。

喜びを大げさに表現しない日本人の表情は、欧米と比べると動きが小さいのです。その小さい表情の変化を読み取るように、目に注目するのです。文化による見方の違いは、なんと一歳未満の小さいころから始まっていることもわかっています。

文化による洗礼は、とても早い時期に成立するのですが、遺伝子《いでんし》のかかわりも議論されています。攻撃を抑制する神経伝達物質であるセロトニンを運ぶ、セロトニン・トランスポーターの量が、欧米人と東アジア人で異なるといわれているのです。セロトニン・トランスポーター遺伝子多型は、特に少ないSS型とやや少ないS型、多いLL型に分かれ、日本人の比率がそれぞれ六三％、三一％、六％であるのに対し、アメリカでは一九％、四九％、三二％でした(図5-2)。日本人では特に少ない人が多く、アメリカでは逆に多い人が結構いるのです。

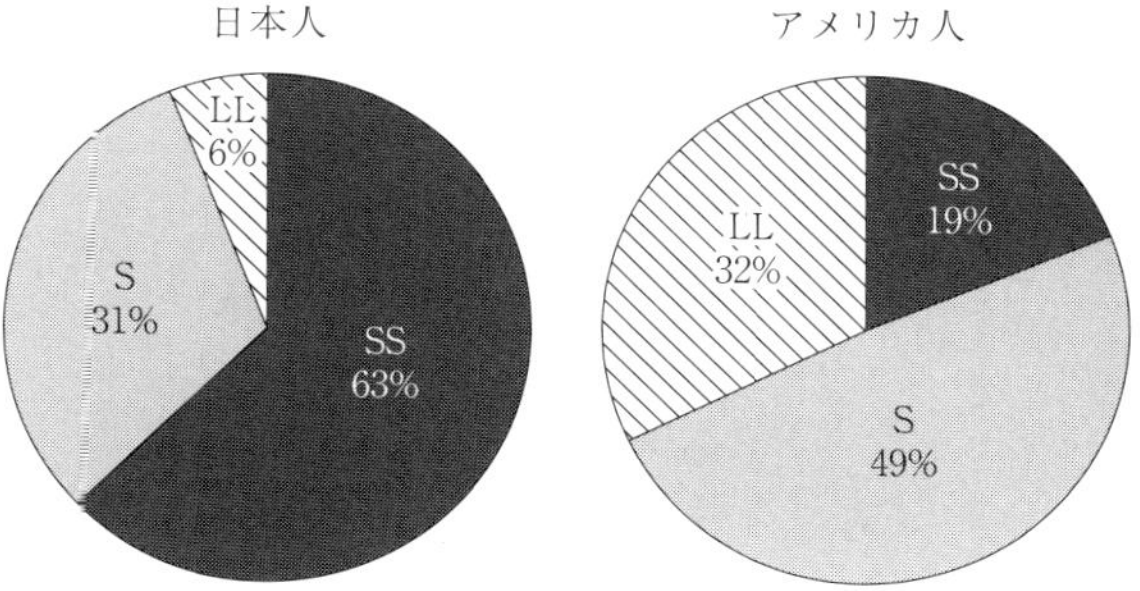


**図 5-2** セロトニン・トランスポーターからみた，日本人とアメリカ人の違い．攻撃を抑制する神経伝達物質であるセロトニンを運ぶセロトニン・トランスポーター遺伝子多型は，特に少ない SS 型とやや少ない S 型，多い LL 型に分かれ，日本人とアメリカ人でその比率は異なります．日本人に多い SS 型は不安が強いタイプです．

セロトニン・トランスポーターの量が少なく不安の強いタイプは、日本人の特徴であるともいえるのです。こうした人たちは抑うつになりやすく、社会不安等のリスク因子《いんし》ともいわれる一方で、衝動的な行動や社会的な逸《いっ》脱《だつ》行為は低くなるそうです。

ピアノの発表会や試合や面接などで、大事な時にあがってしまった苦い経験は、誰でも一度はあることでしょう。しかしそれこそが、日本人の特徴なのです。

こうした人々を束ねる日本文化の特徴に、「相互協調的自己観《そうごきょうちょうてきじこかん》」があるといわれています。他人との結びつきを優先し、協調性に重きをおき、社会的に逸脱することに対する恐れが強いのです。

その傾向は、「みんな同等」という暗黙《あんもく》の前提で成り立つ中学校や高校で、より大きなプレッシャーとなっている可能性があります。学校生活や友達との関係で、思い当たることはありませんか。他人の目を気にして、自分の意見を曲げたことはありませんか。お昼を誰かと食べなくてはいけないプレッシャーを、感じたことはありませんか。友達と一緒に行動するのは安心ではありますが、度が過ぎると、苦痛となることもありましょう。その気がないのに一緒にトイレに行かなければならないとか、もらったメールにはすぐ返事をしなくてはいけない、そんな強迫観念《きょうはくかんねん》を持ったことはありませんか。

これらは、日本人の大半を占める不安の高い遺伝子を持つ人々が、互いに不安を抱きあってつくりだした慣習なのかもしれません。それともあるいは、こうした慣習にあう不安の高い遺伝子を持つ人々が、日本の社会に適応しているのかもしれません。いずれにせよ、うまくいっているときは気持ちのいい協調的関係も、行き過ぎると互いに苦しめあったり、自分たちの基準に合わない異端《いたん》を排斥《はいせき》してしまう、そんな悪い傾向にも陥りがちなようにも思えます。時には、自分達の持つ特徴や慣習について、自覚してみる必要があるのかもしれません。

## 表情がわからない人

表情を読み取る能力についても、話しておきましょう。相手の表情をうまく読み取れないとしたら、どんなことになるでしょうか。

顔を見るときには、表情も一緒に見えるものです。先に、あちこちに顔が見える病気の話をしましたが、そこには必ず表情がついています。悲しそうにしているとか、嬉しそうにしている顔が見えるというのです。これとは別に幽霊《ゆうれい》が見えると主張する人も、表情がくっついているようです。恨《うら》んでいる人がいるとか、感謝している人がいるとか、何もないところに人の顔が見えたそのときには、その表情も見るのです。

これは人以外の「顔」にもあてはまります。子どもの事故を防ぐために、フロントがわざと怖い顔に見えるように設計したバイクがありました。車やバイクを前から見ると、ヘッドライトがちょうど左右二つの目となり、人の顔のように見えますが、その目のヘッドライトを吊り上げて、怖い顔に仕立てているのです。

さまざまな感情の中でも、恐怖の感情は重要です。恐怖の感情には、脳の特別な領域、扁《へん》桃体《とうたい》が働くからです。「怖い」の感情は生死に直結し、怖い感情が生まれたとき、身体がぞくぞくっと反応して、とにかく急いでその場を逃げ出すことになります。考えるよりも先に、身体が反応するのです。そんな人の本能を利用して、子どもたちがバイクを避けて、交通事故を防ぐように設計されたのです。

扁桃体は、毒ヘビのような危険な生物や、恐怖の表情を見た時に活動します。街中で血走った目でナイフを握りしめているような人を見たら、何よりも先にその場を逃げ出さねばなりません。ほんの一瞬しか見えなかったものにも、扁桃体は反応します。緊急に反応し、本能で身体を動かすのです。

扁桃体がうまく働かないと、どんなことになるでしょう。扁桃体に損傷のある人は、笑った顔や泣いた顔はわかっても、怖い顔がわからないのです。目をかっと見開き歯をむき出した恐怖の表情を見ても、その顔が何を意味するのかが、まったくわからないのです。

扁桃体は、虐待などの経験にさらされると損傷を受けることは先に説明しましたが、扁桃体の活動には個人差があることもわかっています。アメリカの実験では、「白人はよい人で黒人は悪いやつだ」という偏見《へんけん》の強さと扁桃体の活動のかかわりを調べたところ、偏見が強い人ほど扁桃体の活動が高いということがわかりました。アメリカでは、黒人に銃口《じゅうこう》を向ける白人警察官の事件が後を絶たないため、行われた実験です。恐ろしい話ですが、このような偏見に基づいた誤った判断は、扁桃体の活動が強い人に起きる可能性があるとも考えられているのです。

一方で生まれついて扁桃体の活動が弱いがために、表情を読み取れないといわれている人たちもいます。ウィリアムズ症候群とよばれる遺伝的疾患です。

知的能力はやや低いのですが、一度聞いた音楽をそのままピアノで弾いたり歌ったり、音楽に天才的な能力を示すことも多いのが特徴です。また、とても社交的です。他人に関する共感の強さは人並み以上で、他者の痛みを自分と同じか、それ以上に感じ取ることもあります。

ところがこれほど高い共感性と高い社交性の能力を持つ一方で、恐怖を処理する扁桃体の活動が弱いのです。なれなれしすぎるほど初対面の人とも仲良くできるのですが、それはむしろ、怖いという感情がわきにくいからだと考えられています。危なげな人物を避けることや、危険な状況で逃げるべきかの判断も、苦手なようです。

通り魔に襲われたときなどには、とっさの判断で逃げねばなりませんし、目つきがあやしげな人には、近づかない方が無難です。この世の中を生き抜く上では適度な警戒心は必要で、それは感情が判断してくれるのです。

## 表情を読み解く力の発達

それでは、表情や感情の読み取りは、いつ頃から獲得《かくとく》されるのでしょうか。発達過程を概観すると、文化差が見えてくるようです。

赤ちゃんはだいたい生後七か月前後で、喜びや怒りといった基本的な表情を区別できるようになります。そして生後一〇か月くらいになると、お母さんの表情をのぞき見て、自分の行動を起こすようになります。たとえば見知らぬ人に話しかけられるようなとき、しきりにお母さんの顔を気にしだします。笑顔ならばゴーのサイン、引きつった顔ならばノーのサインとなるのです。ニコニコ笑って相手をしてもいいのか、そっぽを向いたほうがいいのか、泣きだしたほうがいいのか、お母さんの表情で判断しているのです。これは「社会的参照」と呼ばれ、3章で紹介したように、微笑《ほほえ》んでいるお母さんの顔があれば、断崖《だんがい》の上をも進もうとすることが、実験からわかっています。

この頃には「人見知り」もはじまります。誰にでもニコニコしていた生まれたばかりの時期をすぎると、見知った人以外を受け付けなくなるのです。見知らぬ人に話しかけられると、緊張して固まり、泣き出す子もいます。これまでおおよそ生後一〇か月くらいに始まると言われていた人見知りですが、最近は八か月頃の赤ちゃんにも見ることができます。

この人見知りには、文化差があるようです。人見知りに該当する言葉は、日本以外にありませんし、赤ちゃん時期以降も人見知りが続くのは、日本人の特徴ともいえるのです。お母さんから少しでも離れると泣いて追いかけまわすので、落ち着いてトイレに行けなかったり、チャイルドシートに座らせることが難しかったり、大変な状況が続くこともありますが、これらは欧米ではよい目でみられません。日本ではお母さんと一緒にいることが許容されますが、欧米ではできるだけ早い自立が促《うなが》されます。早い自立を促す欧米からみると、日本の親子関係には問題があるように見えてしまうのです。それは先に示したように、愛着の文化差として実験的に示されました。欧米基準からすると、日本は愛着が強すぎて問題だというのです。

欧米ではできるだけ早く自立し、一人で寝かされますが、そのかわり、お母さんの代わりとなる「移行対象」を持つことが許されています。子どもを預ける際には、「お母さんの代わりになるものがあったら、預けて下さい」と尋ねられるそうです。スヌーピーのお友達ライナスがいつも持ち続けているくたくたの毛布、そんな安心感を抱かせる母親の代替物は受け入れられるのです。

こうした発達上の文化差にも、先のセロトニン・トランスポーターがかかわっているのかもしれません。ただし文化差があるからといって、人見知りがいつまでも続くようでも、問題です。ある程度大きくなったら、見知らぬ人ともしっかり対応できるように育てられていくのです。

それでは、人見知りは、いつ頃終了するのがいいのでしょうか？　実はその発達は、脳科学によって裏付けられています。見知らぬ人への不安は扁桃体の反応とあわせて、四歳から十七歳の間に徐々に低下していくといいます。幼い子どもでは、恐怖反応は強く出るようです。小さい子どもが知らない大人に平気で近づいてしまうとしたら、「連れ去られ」の危険もあります。そうならないための防衛策が、恐怖を感じる扁桃体に組み込まれているのかもしれません。

先にも話したように怖い顔を見たときの恐怖反応は、子ども時代から青年期にかけて上昇し、大人になるに従って減少しました。青年期では、周囲の表情に、どの世代よりも過敏に反応するようになっているかもしれません。

# 6章

# 男と女，大人と子ども
## ——顔の成長と心の成長

ウィリアム・アドルフ・ブグロー《誘惑》(1880年)

# 大人の顔と子どもの顔

幼い頃から目鼻立ちがはっきりした白人の子どもは、どの子もかわいくみえます。日本人の扁平《へんぺい》な顔と比べると、うらやましいことしきりです。でも、その両親の典型的な白人の容姿を比較《ひかく》してみると、なんとなく腑《ふ》に落ちない気さえします。思春期にさしかかった頃に、再び子どもに会う機会があると、その秘密がわかります。かわいらしさが消え、お父さんやお母さんにそっくりの白人らしい平均的な風貌《ふうぼう》となっているのです。

ハリウッド映画の名子役の成長した姿を見れば、その変化はよりはっきりとわかるでしょう。顎《あご》と鼻の骨が成長して、全体的に長い顔になるのです。その結果、子役の時にバランスの取れていた顔が、アンバランスになってしまうこともあるようです。

人の顔に美醜《びしゅう》をつくり上げた神様は残酷ですが、時の変化は平等に訪れるようです。美しさは、永遠に続くものではないからです。白雪姫のお母さんのように永遠の美しさを求めるのは、魔の領域です。美ははかなく、その人の顔がいちばん美しく見える旬《しゅん》の時期を、それぞれに設定しているようです。

顔の美しさにはバランスが重要です。バランスを保ったまま成長するのは、なかなか難しいことです。ある年齢では絶妙なバランスだったのに、成長して印象が変わることは、よくあることでしょう。

子どもから大人へ、成長に伴い顔の骨格は変化します。少年から大人の顔になると、眉弓《びきゅう》が隆起して、顎が長くなり、顔の上半分の横幅が広くなると言われています。そしてその変化は、西洋人の方が明らかです。

日本人の顔は、成長による変化は小さいようにみえます。娘と並ぶと姉妹と間違われるようなお母さんの姿も、目にすることがあります。凹凸《おうとつ》の少ない日本人の顔は、成長による変化が小さいのでしょうか。西洋と日本人の違いの話は後ほどするとして、まずは大人と子どもの顔の違いから始めましょう。

身近な人々の顔を改めて眺めてみると、時の移ろいゆく変化の大きさには、同じ日本人でも大小があるようにみえます。いつまでたっても幼く見える人もいれば、小さい頃から大人っぽく見える人もいます。同じように年をとっているのに、見かけの年齢が同じにならないのは、時として悩ましいことでもあります。

大学生くらいまでは、年齢よりも幼く見えることは不満でもあります。一方で、ある程度年をとったら、人より老けて見えることは不満となります。一般的傾向として、年を取らないことは好まれます。老化が遅いことは、健康で栄養がよい証拠と解釈されるからだといいます。もちろん、若く見せることには肌つやも大切ですが、一般的にはこれらの個人差には、顔のつくりの違いがあるようです。

子どもの顔は、丸顔です。丸い顔だと、幼く見えます。それが極端になると、いつまでたっても大人に見られず、かわいい子の雰囲気のまま、老けたと思ったら大人を通り越しておばあちゃんになってしまった、そんなタイプもいるでしょう。一方で成長すると顎が伸び、顔が長くなります。つまり面長の顔だと、大人っぽく見られるのです。

子どもっぽい顔と大人っぽい顔、それぞれの顔がどう評価されるのかを調べた実験があります。衝撃的《しょうげき》な結果ですが、大人っぽい長い顔の方が、リーダーとして選ばれやすいというのです。顔だけで印象が決まるのは、少々理不尽な気がします。後ほど詳しくお話ししますが、顔からつくられる印象には、性別による影響があるそうです。男性ホルモンの影響で、男性の顔はごつくなり、顔幅が広がります。そして顔幅の広い男っぽい顔は、ビジネスパートナーとしての信頼性を評価されるような時、信頼性が薄いと評価されがちだというのです。

なぜこのような、理不尽ともいえる印象が形成されるのでしょうか。その背後には、人の根っこにある生物性がかかわっています。人間も、自分の遺《い》伝子《でんし》を継ぐ子孫を残すという生物的な性質を、今もわずかながら抱えているのです。

最後の章では、現代社会からすると理不尽ともいえるこの生物としての鉄則を、子どもの顔と男女の顔から、順番にみていきましょう。

## 「カワイイ」を考える

大人っぽい顔がリーダーとして選ばれやすいという結果はショッキングですが、子どもっぽい顔も捨てたものではありません。子どもっぽい顔は甘く見られたとしても、その反面、親しみがわくという長所があります。

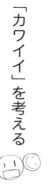

子どもっぽい顔は、「かわいい」のです。かわいい顔は最強の武器で、かわいい顔がおトクだということを裏付ける、たくさんの研究があります。

子どもっぽいといわれるのは納得がいかないとしても、「かわいい」という言葉ならば、受け入れやすいでしょうか。「カワイイ」は、日本が世界に発信するサブカルチャー文化の一つでもあります。キティちゃんやポケモン、日本のメディアはカワイイもので溢《あふ》れていて、これらのキャラクターやグッズは続々と海外に輸出されて広がっています。

「かわいい」は、日本独自の文化でもあります。なぜなら、日本以外の海外では、「かわいい」という表現は必ずしも肯定的に受け止められないからです。「美しい」という表現が賛美に基づく良いものを指すのと比べると、「かわいい」には多少の軽蔑《けいべつ》や否定が含まれるようなのです。こうした受け止め方は西洋だけでなく、日本に近い中国や韓国でも同様のようです。

なぜ日本だけが、「かわいい」をよい表現として感じるのでしょうか。かわいい表現を分析してきた比較文学者の四方田犬彦《よもたいぬひこ》によれば、その傾向は平安時代に書かれた日本の古典、『枕草子《まくらのそうし》』の「もののあはれ」や『今昔《こんじゃく》物語』までさかのぼることができるそうです。「はかなきもの」を慈《いつく》しむという心情が、日本人には古くからあり、未成熟を慈しむ文化があったというのです。

一方の心理学では、日本の文化は「甘え」を許容するところが特徴だと考えてきました。島国で隣国と紛争することの少ない日本社会では、他人の弱さを許容し、かわいいといった未熟な状態も許容する、やさしいところがあるのかもしれません。

昨今の「かわいい」文化の流行にともない、この表現にも変化があるようです。みなさんは、「かわいい」をどのように使っていますか。「かわいい」をどう感じ、どう受け止めているでしょうか。たとえば、怖くて近づきにくい校長先生の、朝礼で見かけたふとしたしぐさに「かわいいね」と言い合うことは、ありませんか？「かわいい」と言う前と後で、どんな気持ちの変化があるでしょうか。

そもそも「かわいい」は、小さくて弱い存在に投げかける表現でした。目上の先生を「かわいい」ということはありませんでした。尊敬すべき対象をかわいいと称するのは、失礼にあたると考えるからです。

そういうことから、目上の人に「かわいい」と言うことは、上から目線の言い方であり、立場を逆転させていることになります。だからといって、決して相手を見下しているわけではないでしょう。その証拠に、言われた側も、気恥《は》ずかしさはあっても、悪い気はしません。

その謎《なぞ》を解く鍵に、「かわいい」の新しい使われ方があります。「ブサかわいい」とか「キモかわいい」とか、さまざまな形容詞に「かわいい」を付けることがあります。「かわいい」を付けると、否定的だった「ぶさいく」や「きもい」の印象が変わります。どちらからというと、肯定的《こうてい》な印象になります。しかも、和《なご》みというか、力が抜けたというか、より身近に感じられるような気もします。

かわいいは、和みの魔法の言葉なのかもしれません。遠い存在だった先生を「かわいい」と言うことによって、身近にすることができるのでしょう。なんとなく保護する立場に立った気分にさせられ、改めてその人の良さを感じ取ることができるかもしれません。言われた側も、相手をより身近に感じることができるでしょう。

かわいいがもたらす、こうしたやさしい心の持ち方は、日本人の特徴といえるものなのかもしれません。

## かわいいを分析する

美人系の女優が、どちらかというと面長な顔立ちをしているのと比べると、かわいい系の丸顔は、親しみのわくアイドルに多くみられます。それだけでなく、身近にあるさまざまなキャラクターを観察してみてください。ポケモンやキティちゃん、さまざまなアニメのキャラクターの顔も、丸顔です。

かわいい印象を生み出す丸顔以外にも、かわいいを示す身体的特徴があります。ノーベル医学・生理学賞を受賞した動物行動学者コンラート・ローレンツ（一九〇三―一九八九年）が、かわいいを示す特徴をあげています。

それは、**図6-1**にあるとおりです。相対的に大きな頭、過大な頭蓋《ずがい》重量、大きな下方にある目、ふっくらと膨《ふく》らんだ頬、太く短い手足、しなやかで弾力性のある肌、そして不器用な動き方です。これらの特徴を、「ベビースキーマ」と呼びます。

身近にある玩具《がんぐ》やぬいぐるみにも、これらの子どもに見られる特徴を見つけることができ

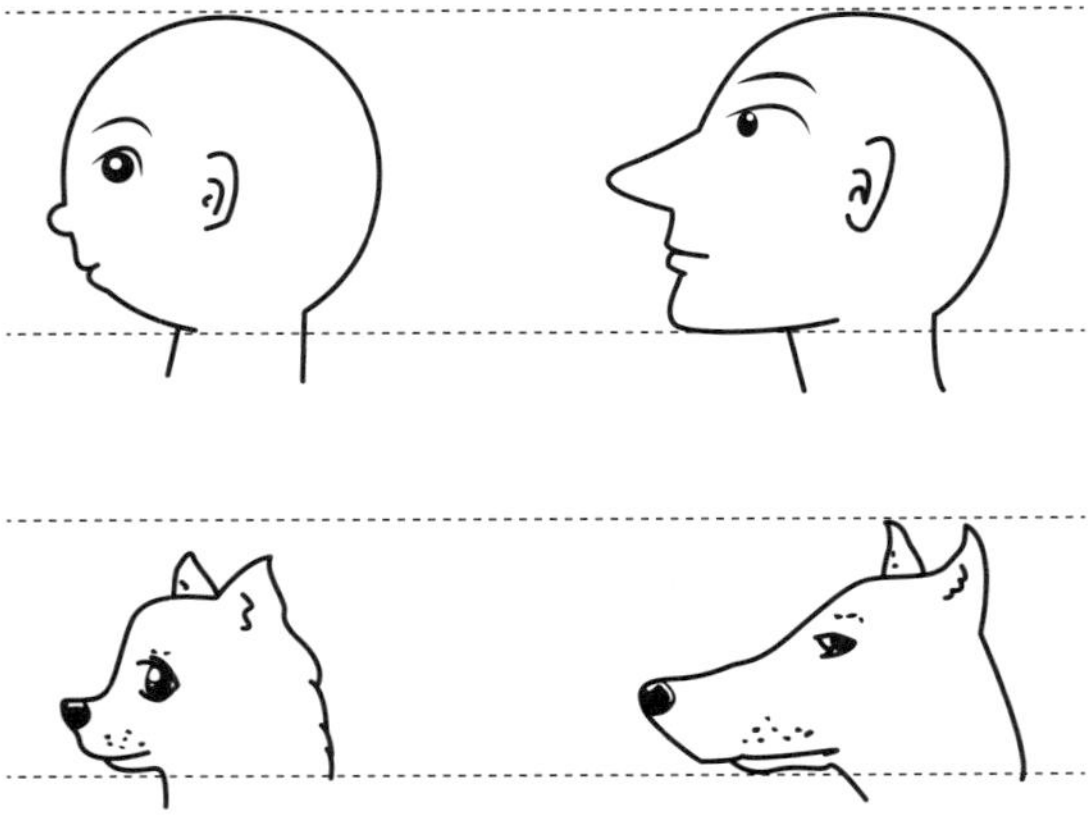

図 6-1　左がベビースキーマ．大きい頭と下の方にある目．子どもの形態的特徴を持つ「ベビースキーマ」は，身近な玩具やぬいぐるみ，アニメのキャラクターに見出すことができます．

るでしょう。ぬいぐるみの大きなお腹と頭でっかちな体型、ゆるキャラの着ぐるみのぎこちない歩き方。あどけない顔立ちや身体のつくり、動作や歩き方に、かわいらしさを見出すことができるのです。対象は生物にかぎりません。丸っこい形をしたかわいらしい車にも、これらの特徴を見出すことができます。これらはすべて、ベビースキーマを生かしているのです。

かわいい風貌は、なぜ、こんなにも広く浸透《しんとう》しているのでしょうか。実は、かわいいは特別で、生物が生まれつき持つ性質と深くかかわっているのです。

かわいいは、子どもの特徴です。生物にとって、子どもを育てること、自分の子孫を残すことは一番大切なことです。弱い子どもは、見つけ次第保護せねばなりません。そのため、子どもを示す特徴を見つけたら、考えるよりも早く、本能で素早く反応して保護するのです。かわいい子どもを示す特徴に、ヒトは自動的に反応するようにできているのです。子どもの特徴を見つけたら、小さな子どもを思わず保護したくなるように、思わず目をとめ、手にとりたい欲求がわく。ベビースキーマは、人が生まれつき持つそんな本能を刺激するのです。

さて、ベビースキーマの特徴にあるように「かわいい」は顔立ちや風貌だけでなく、しぐさからも表現できます。ぎこちない動きは「かわいい」を演出できるのですが、改めて周りを見回すと、こうしたツボを押さえてうまく自分を演出している人に気づかされます。

たとえば「天然」と言われるタレントやアイドルでは、ちょっとした失敗も魅力に変えています。ぎごちない歩き方をしたり、失敗したりと、そこに微笑《ほほえ》ましさを感じさせます。一昔前のアイドルでは、あえて音程を外したまま歌っていて、それがまた魅力とされていました。

媚《こ》びるようなかわいさには、高い声もあります。人間の赤ちゃんも、動物の赤ちゃんも、親を呼ぶときは高い声で鳴きます。

地声よりも高い声を出すようにしている人もいます。男性が女性を演じる女形でも、裏声を使っています。性転換をした元男性も、その声は自力で変えねばならないのです。ボイストレーニングを受け、必死に高い声を出すように訓練する人もいるということです。後に説明するように、女性の方が幼形化しているところがあるためです。

「かわいい」振る舞いの対極を、考えてみましょう。その舞台裏がテレビに映ることもありますが、ミス・ユニバースの候補の、厳しい訓練には圧倒されます。女性の美しさを表現するため、無駄のない美しい姿勢の立居《たちい》振る舞いを徹底的に訓練されるそうです。

みなさんは、洗練された美しさをどう感じるでしょうか。

目標とする洗練された大人の女性の振る舞いは美しいのですが、すきがありません。大人の女性としての美しさと、かわいらしさとは、違うもののように思えます。カワイイが日本発信の文化だとすると、ミス・ユニバースの美は西洋基準の考え方といえましょう。この二つの間には、文化による違いがありそうです。

## アジア人は若く見える？

かわいい顔は、生物の本能に結びついた強い魅力を持つことがわかりましたが、生物学者のモンタギューによると、他の生物と比べると、人は幼形化が強いそうです。これは「ネオテニー（幼形化）」と呼ばれます。

新生児の様子を他の動物と比べると、人は圧倒的に未熟で生まれます。生まれてすぐに歩き出す動物と比べると、首もすわらずに生まれる人の赤ん坊は、とても非力です。生まれてから一年以上も、親に養育してもらわなければ死んでしまうような弱い生物は、人くらいでしょう。

その未熟さは、身体的特徴にも見られます。大人になると顔は長くなるという話をしましたが、赤ちゃんの頃の丸い頭蓋骨は成長して長くごつくなっていきます。人間に近い種のチンパンジーやゴリラと比較すると、成長しても幼いというのです。人の頭蓋骨は、これらの種の子どものときのそれに類似しています。頭蓋骨だけでなく、弱々しい骨格や毛が少ないところなどにも、人間の幼形化があらわれています。

女性の形態は、さらに幼形化しているといいます。

頭蓋骨の形状でいえば、頭が丸く、あごが小さく、頭蓋が大きいという点があります。身体的な特徴では、毛深くなくて、皮膚が繊細で、身体が小さい点です。

女性に強いという幼形化ですが、様々な人種の中でもアジア人(中国人や日本人)では幼形化が強いといわれています。

平べったい東洋人の顔は、成長しても西洋人ほど骨格が発達して凹凸《おうとつ》のはっきりした顔にはなりません。大きい頭とずんぐりむっくりな体型と、鼻ぺちゃ顔を考えると、アジア人の幼形化説に、納得せざるをえません。また、西洋人と比べて日本人がコンプレックスと思う身体つきや顔つきの欠点、胴長《どうなが》できゃしゃな骨格や幅広い顔面は幼形化のあらわれということになります。ちなみに美容整形は、アジア人は一所懸命に低い鼻を高くするのに対し、西洋人は伸びすぎた鼻を削って少し上向きにするのが理想だといいます。

幼形化したアジア人では、男女差も小さいようです。アジア人の方が、男性は女性に変身しやすいのかもしれません。タイのニューハーフ美人コンテストに並ぶ美女たちは、とても元男性とは思えない風貌です。

　顔の見方を調べるために、コンピュータグラフィックスでさまざまな顔を人工的につくり出して、顔の印象を尋ねる研究があります。顔を平均化してみたり、合成してみたり、イメージ通りの顔をつくってみるのです。

　子どもの顔をシミュレーションした研究をみてみましょう。カージオイド変換という数式に則《のっと》った画像変換を施《ほどこ》すと、不思議なことに、どんなものも子どもっぽくなります（図6-2）。子どもの顔を再現してみたり、成長後の顔を再現してみたりすることもできますし、車にもカージオイド変換を施せば、子どもっぽくみせることができます。画像の変換の法則に則って、顔を見ている証拠になります。

　合成した顔を使って、日本人とイギリス人とで、男女の顔の見分け方が変わるのかを調べた

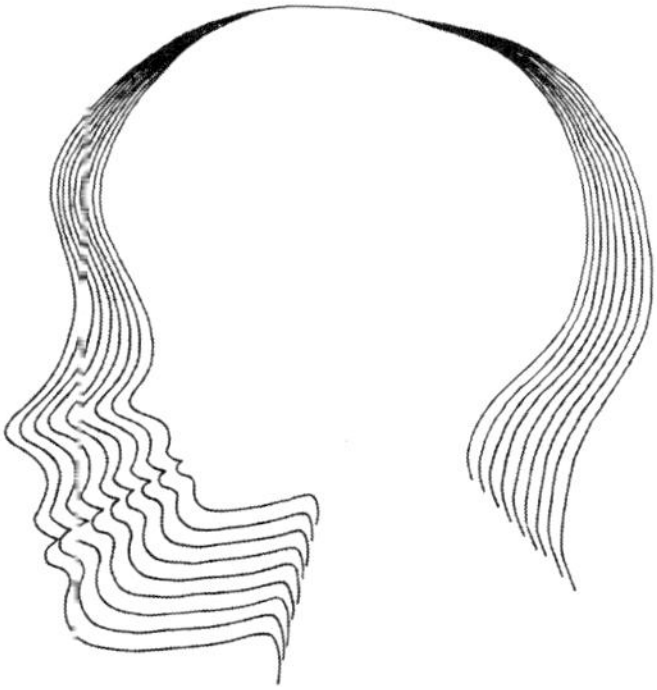

図6-2　カージオイド変換．この変換で，子どもの顔を作り出すことができます．

実験もあります。日本人の顔、イギリス人の顔、それぞれ二〇人ほどで男と女の平均顔をつくります。さらに顔のさまざまな特徴を入れ替えて、男女の判断が崩《くず》れるかを調べるのです。コンピュータで合成した顔を使わないと、できない実験です。

実験の結果、イギリス人では発達した顎が男性の特徴として効いているのに対し、日本人は太い眉《まゆ》が特徴であることがわかりました。人種によって、男性と女性を示す特徴は異なる可能性があります。日本人は男女で顎という骨格差が少ない分、眉が選ばれたのでしょう。アジア人と欧米人の顔の違いを示す結果です。

## 男と女の違い、顔と社会

男と女を、顔だけで判定することはできるでしょうか。最近はテレビでも、オネエ系のタレントを見ることが多くなりました。テレビに映るその姿から、男か女かを当てるのは難しそうです。

年をとって「おばちゃん」くらいの世代になると、さらに見分けにくいようにも思えます。

女性は年を取るとオジサンに見えるといわれている一方で、オネエ系タレントの中には女性ホルモンを打っている人たちも多いそうですから、女性ホルモン量の影響は大きいのかもしれません。

その一方で、白骨死体の顔の骨格から、男女や年齢を知ることができるそうです。男性は顎が大きく歯も大きい、女性の顎は小さくて丸みを帯びているのが特徴だそうです。

生物一般を眺めてみると、男女で姿形《すがたかたち》が異なる種は多くみられます。性的二型と呼ばれ、クワガタ、カブトムシ、クジャク、キジ、これらはオスとメスがまったく異なる姿形をしています。

体格差で男女が異なる動物は、ヒトに近い霊長類《れいちょうるい》のゴリラなどにもみられます。ゴリラのオスはメスと比べて大きな体格をしていますが、チンパンジーは、それほど男女差はありません。体格の男女差の大きさは、その種の社会構成と関係しているという説があります。男女差の大きいゴリラは、一匹のオスのリーダーがたくさんのメスを抱えた社会をつくり、リーダーは家族を守るために一人で戦います。負けてしまったら、リーダーは交代という、厳しい社会です。一方の男女差の小さなチンパンジー社会は、オスとメスが複数共存する社会構成です。オスに厳しいゴリラ社会は、強くて大きなオスが必要となります。

さて、人の男女差と社会構成は、チンパンジーとゴリラのどちらに当てはまるでしょうか？

一説では、これらのちょうど中間に位置するともいわれていますが、近年になって、男性の中性化は加速しているかもしれません。たとえば、男性でもエステで体毛や髭《ひげ》を抜いたりします。男性の化粧《けしょう》も比較的一般的になっていて、洗顔用の石鹸《せっけん》くらいの基礎化粧品ならば、ふつうに使っているでしょう。以前、韓国の男性大統領は、肌をきれいに見せて若返らせるプチ美容整形をしていると話題になりました。こうしたことも、一部の男性には受け入れられ始めているようです。男女の差は、人工的にどんどん小さくなるように進化しているのかもしれません。

それでもやはり、「化粧は女性のもの」という固定観念は強いですし、女性の方がスタイルを気にします。人での男女の違いは、こうした装いの違いにあるのかもしれません。

周りの目にどう映るかというプレッシャーも、女性に強いように思えます。それは思春期くらいから始まるようです。4章でも述べた拒食に起因する「思春期やせ症」という、思春期特有の病もあります。八〇年代のアメリカでは、有名な歌手のカレン・カーペンターが拒食で亡くなっています。

今の時代、やせ願望は誰もが持ち、ダイエットもほとんどの人が経験していることでしょうが、先にも説明したように、思春期やせ症は心の病気の中でも治りにくいことで有名です。どちらかというと、まじめで几帳面《きちょうめん》な人が陥りやすかったりもします。

ダイエットを几帳面にやりすぎて、目標とする身体像がだんだんとゆがみ、極端な体重の数値にこだわることがあるのです。身体が保てないまでにやせ細り、それが美しいと思いこんでしまう、そんな悲劇が身近に起きているかもしれません。拒食は、どう見られるかを気にしすぎることにも原因があるようです。

そもそもファッション雑誌に出てくるモデルも、やせすぎだと問題にされています。しかも最近の洋服のサイズは、一〇年前よりも細くなっているといわれています。かわいい服を着るためにはやせなくてはいけないというのは、悲しい話です。なによりも低年齢化も含めると、食べ盛り伸び盛りの子どもが、成長よりもスタイルを気にしてしまうのは、大きな問題です。

このやせ願望は、共感性が強い女性の本質を突いているようにも思えます。一般に、女性は共感性が強く、男性は数値化するようなシステム化に強いといわれています。科学的な根拠はまだ議論中のお話ですが、この対比で男女を考えることも、重要かもしれません。

時代によってまちまちですが、思春期の女性はさまざまに自身を表現します。ガングロやコギャルやゴスロリなどなど、自分オリジナルの表現に走ることがあります。共感性の強い女性は周囲を気にし、自分のこだわりを社会に表現しようとするのかもしれません。一方のこの世代の男性たちは、システム化に優れて社会的には得意でない、オタクっぽい性質に傾いていくのかもしれません。男女の性質と社会の性質を考えて、これから先の社会で男女はどうなっていくのか、想像してみることも大切かもしれません。

## 魅力を進化から考える

クレオパトラや楊貴妃《ようきひ》のように、外見的魅力は、歴史を変える力を持っているのでしょうか。自分の遺伝子を継ぐ子孫を残すという鉄則からすると、外見的魅力にはものすごい力があります。よりよい相手と結婚する機会に恵まれ、結果的によりよい条件で自分の遺伝子を残すことができるからです。

しかしながら現代人を取り巻く事情は複雑です。現代人は、生物と共通した本来の性質と、複雑な人間社会を背景にした社会的な性質を、併《あわ》せ持っているからです。

この章の冒頭に、男性っぽい顔は、仕事上のパートナーとしての信頼性に欠けると判断される話をしました。これは人間社会の複雑さを反映した結果です。

生物の性質からすると男性の魅力は、自分の子孫を守ることにあります。たとえばハヌマンラングールというサルでは、古いリーダーを追い出した新しいリーダーは、まずは古いリーダーの子どもたちを残らず殺戮《さつりく》するといわれています。残酷ですが、自分の遺伝子を受け継ぐ子孫を残すための戦略です。こうした種では、子どもを守るためにも立派な体格が必要となるでしょう。生物は、弱肉強食の世界でもあるのです。

一方で、表立って争うことが少なくなった人の社会では、事情は変わります。あまりにも攻撃性の強い個体は、むしろ排除されてしまうことでしょう。

それは実験からも示されています。男性の顔の平均顔を、女性らしく、あるいは男性らしく加工して、女性に評価させます。すると、日本でもイギリスでも、女性っぽい顔が好きという結果が出たそうです。

男っぽい顔の印象を聞くと、冷たそう、やさしくない、協力的でない、とみられることがわかりました。一方で女っぽくした顔は、やさしい、正直で協力的と評価されました。結果、男っぽい顔はよい親になれそうもない、逆に女っぽい顔はよい親になれる、とみなされたのです。人間社会では力強いことよりも、子育てをしっかり手伝ってくれるようなやさしい相手こそが必要となるのでしょう。表立った争いを必要としない人間社会では、男性の顔の好みも、幼形化しているようです。

ただし、状況によって好みは生物本来のそれに変わることもあるようです。先の実験の続きで、遊び相手として男性の顔を選ばせると、男っぽい顔を選ぶというのです。その一方で生涯のパートナーとして選ばせると、女性っぽい雰囲気の男性の顔を選ぶというのです。また、女性の性周期によっても男性の好みは変わり、妊娠《にんしん》を受け入れる期間には男っぽく、男っぽい声、男っぽい体つきを好むようになるともいいます。生物本来の自分の種を守ることと、人間社会で種を維持すること、その葛藤《かっとう》がみられるようです。

人の生物としての特徴を、社会調査から探る研究もあります。たとえば、一歳まで父親が不在の家庭で育った女性は性的な成熟が早く、思春期も早く訪れ、最初の出産が早いといいます。親の影響は別の面でもみられるようで、誕生時に三〇歳以上の両親を持つ大学生は、若い両親を持つ大学生よりも、年を取った顔に魅力を感じ、若さにこだわらないという傾向があるそうです。アメリカ社会では高校時代に魅力的とされた人は、早めに結婚して子だくさんになるという調査結果もあるそうです。

同じ社会においても、家庭環境による違いや価値観の相違はあります。人間を生物の一種として捉える進化論的な考えは、そうした個人差を解釈していることになりましょう。しかし生物としての人間を見せつけられることは、受け入れがたい気分にさせられます。社会が隠してきた点を、突いているのでしょう。もちろん、その解釈自体が正しいかどうかわからないということもあります。いずれにせよ、進化論的解釈によると、子孫の残し方には個人差があるということに行きつきそうです。

冒頭では、女性にとっては女性の顔も魅力だという話を紹介しましたが、それにも進化的な理由があります。人のかつての暮らし方、女性は血縁関係者と暮らし、血のつながる子孫をともに育てるように協力してきたことに原因があるというのです。この傾向が今でも残り、女性の好みに影響を与えているといいます。実験によると妊娠可能性が高い時期には男性に関連した匂《にお》いにひかれるものの、妊娠の準備期間になると、女性の匂いにひかれるという結果があります。また、妊娠にかかわるホルモンであるプロゲストロンが高くなると、姉妹やいとこ・母・おばといった親族に似た顔にひかれることが示されています。

顔の魅力を進化から考えると、思いもつかない隠された理由を知ることができます。最後にもう一度言っておきますと、こうした解釈は考え方の一つであり、正しいかどうかはわかりません。人について考えるヒントの一つとして、ふだんの生活を考え直してみるきっかけになればいいかと思います。

## 「美しい顔」に基準はあるか？

美男美女の基準は、どこにあるのでしょうか。顔の色もつくりも違う西洋人と東洋人とで、美の基準は共通なのでしょうか。平安時代や江戸時代の美人画を見ると、美には絶対的な基

準はなく、流行によって変わるものと思ったりはしませんか。

そこでひとつ、考えてみましょう。鎖国《さこく》されていた江戸時代、日本人の顔しか見る機会のなかった人にとって、西洋人の美人がわかるでしょうか？

考えてみると、西洋に開かれてから、美人の基準は変わったのではないかと思わされます。そうなると、美の基準は流行によって変わるようにみえます。では、どのようにして変わるのでしょうか。

これまでの話を復習してみましょう。環境に合わせ、顔を見る基準は変わるという話がありました。美人の判断にも、これが適用されるのです。

美人の基準は平均顔という説があります。平均顔は、これまで見た顔からつくり上げられ、どんな顔を見たかによって、美人の基準は変わるわけです。平安時代の美人画も、ほんとうに平安時代を代表しているのかどうか、割り引いて考える必要があるかもしれません。美人画は貴族が描いたものです。庶民《しょみん》の顔を見たことのない、平安貴族にとっての美人なのかもしれません。

自分達の顔の基準を、見直してみましょう。日本で生まれ育っていれば、日本人の顔に囲まれてきたことでしょう。しかし、現代は江戸時代とは違います。現実に出会っている友達や家族や親戚《しんせき》の顔は、江戸時代よりむしろ少ないかもしれません。そして出会う顔の多くは、現実には出会わない、テレビやインターネットや雑誌に登場する顔でしょう。

私たちは、メディアの洪水の中にいます。テレビやインターネットでは、ハリウッドスターから韓流まで、世界中の美男美女の顔を目にします。これまでの社会ではありえないくらい、多くの美男美女の顔を見ているのです。平安貴族や江戸時代の人々が見たら、腰を抜かしてびっくりしてしまうことでしょう。みなさんは、子どもの頃からこうした環境の中で育ってきたのです。

美人の基準は、これまでないほどにグレードアップしていることでしょう。イケメンにこだわる風潮は、顔の基準が高すぎることが原因のひとつかもしれません。そんな基準で、現実の配偶者《はいぐうしゃ》を考えるとなると、なかなか困ったことになりそうです。

魅力の基準となる顔はグローバル化されているのかもしれませんが、まだまだその文化固有の側面もあるようです。これまで話した見方の違いもそうでした。日本人はアイドルグループ全体としての魅力の評価ができますが、欧米ではグループであってもセンターの子の魅力だけが評価の対象となるそうです。

ミス・ユニバースやミス・インターナショナルなどで、たくさんの国の多様な魅力を判断するのは、なかなか難しいと思わされます。魅力的と判断された顔を比較すると、男性の顔は似ていても、女性の顔は多様だという研究もありますから、美人の共通判断はなかなか難しいのかもしれません。

しかし、異文化間での顔の美醜判断の一致率は九〇%もあり、不一致はたったの一〇%だけという調査結果もあります。中には写真写りによる魅力の違いもあるでしょう。日本とイギリスで「知的な顔か」を写真の顔で判断させたところ、ほぼ一致したそうです。当たり前ですが、眠そうな顔で写っていると知的でなくて、注意深そうな子は知的と判断されるということでした。

巷《ちまた》には、普遍的な美しさを示す、顔の黄金比《おうごんひ》があるなどともいわれます。古代ギリシャ人によって定義された黄金比とは、長方形の長辺が短辺の一・六一八倍というものです(図6-3)。ただ、この話は興味深くても、なぜそのような基準なのかについては謎のままです。

次に、自分の遺伝子をより多く残すことに貢献するという、より直接的に進化に結びつい

図6-3　顔の黄金比．この比率を持つ顔は美しいと判断されるといわれていますが，果たしてどうでしょうか．

た魅力についてみていきましょう。

## 健康は美の証か

イギリスから、美人は遺伝するという研究結果が報告されています。両親が魅力的だとその子も魅力的と評価されやすいというのです。ただしそれは女性に限りで、男性の場合は当てはまらないそうです。

魅力とは、なんでしょうか。

南米やロシアや北欧など、特定の地域が美人の産地だと言われることがあります。バイキングが金髪の美女をさらってきたとか、マフィアが好みの女性を連れてきたとか、おとぎ話のようなお話もありますが、そこからみるに、長い歴史のなかでも、美人は力を持った人たちとのつながりが強いようです。魅力的な女性は、力のある者に選ばれ、豊かな暮らしを送り、たくさんの子を残す機会に恵まれる可能性があるということになります。つまり進化的な考えからすると、魅力は自分の遺伝子を残すために働くのです。

遺伝子を残すという目的の中では、自身が健康であることを宣伝することが大切です。子孫を残すためには、健康であることが大きな魅力となるからです。化粧では唇《くちびる》と頰《ほお》を赤く強調しますが、ふっくらとして血色のよい唇と、血色のよい赤い頰も、健康の証《あかし》ともいえましょう。

今ほど豊かでなかった時代には、豊満な女性が魅力的とされたこともありました。豊満さは、健康で豊かに育ったことを示すものでもあります。現代では単なる豊満というよりは、健康的な食生活を送っていることがより重要となります。不健康そうな目の下のクマや肌荒れは嫌われがちですが、野菜をしっかりと摂取《せっしゅ》していると肌の色がやや赤みがかり、こうした肌の色の顔を美しいと評価することが実験によってわかっています。

黄金比の顔が美しいとされたのと同じような理由で、形として美しい左右対称な顔も美しいとされますが、進化論的な解釈では、これも不健康でないことを示すメッセージだと言われています。

左右対称の顔は、特別に大きな病気をしていない印であると言われてきました。実際に、食料が不足した状態で育つと発達は阻害《そがい》され、体型が小さく、非対称な体つきになると言われています。つまり、身体の左右対称性は、栄養よく育った証拠というわけです。複数の調査を総合すると、左右対称な身体の男子は非対称な男子よりもＩＱの成績と徒競走に優れ、ダンスや歌がうまく、うつになりにくく、声がよく健康だということがわかっています。

ただし左右対称性が身体能力として優れている証だとしても、魅力の判断は複雑です。嘘《うそ》偽りのない、真実の表情は、非対称性だからです。冒頭でも顔は右側で判断されやすいという話をしましたが、七六％の人で微笑みは右側が強く出るというデータがあります。つまり非対称の表出をあらわす顔は、自然で誠実な証拠となり、それも魅力として評価されるのです。これまで顔は表情こそが大切だという話もしてきたように、魅力としては表情の非対称性の方が有力かもしれません。

さいごに、魅力は相手を選ぶ側の働きも強いことも研究によってわかっています。調査によれば、自分の風貌を平均よりもよいと評価している女性は、左右対称の男性の顔をより魅力として評価するといいます。自分の遺伝子を効率的に残すためには、よりよいパートナーを選ばねばなりません。自分に自信があり相手を選ぶ立場にあると思っている人は、生物としての性質を重視した選び方をするということになるのでしょうか。

## 顔と心の関係は？

九歳から思春期の一五歳にかけて、顎や眉は成長していくそうです。顔の成長が終了しても、よりよくつくりあげる表情によって顔つきは違って見え、そのうちにシワもできて老化へと進みます。人生を過ごす中で、顔つきはこれから先も変貌していくのです。

みなさんの心は、変化する顔に追いつきそうでしょうか？　大人になっても、老化していく自分の顔に、心が追いつかないこともあります。そんなとき、この本が少しでも、助けになればと思います。

顔を見る能力も、三〇歳までさまざまな体験を経ることにより、学習し続けます。顔を見ることを支える脳の発達でいえば、思春期はまだ、ネガティブな情動を制御する扁桃体《へんとうたい》の成長が未熟です。より過敏に反応しがちで、周りの影響を受けやすく、非行に走りがちなのも、そのためです。制御の効かない脳は、特に薬物への依存などに強い影響を与え、大人よりも深刻な問題を抱えることになります。飲酒や喫煙《きつえん》に年齢制限があるのは、このためです。こうした自身の顔と脳が司《つかさど》る状況を知っておくことは、バランスを崩しがちな思春期には必要なことだと思います。

最後に二つほど話をして終わりにしましょう。ひとつめは、顔を見る能力の個人差の拡張版として、性格について少しだけ触れておきましょう。

遺伝子は、性格の五〇%を説明するという心理学者もいます。一部の性格は、乳児期からわかるという研究もあります。生後四か月で新しいカラフルな玩具を与え、行動を観察します。すると、新しいものを嫌がる子と好んで遊ぶ子に分かれ、それが一一歳の恥ずかしがりか社交的かの性格につながるといいます。新しいものを受け入れるかどうかは、生まれつき持つ性格の基本といえるものです。

顔の読み取り能力、特に顔から性格を読み取る能力のうまい下手《へた》は、社交性と関係があるという研究があります。疑い深く冷静な人は、こうした読み取りに長《た》けていますが、優しくて気前がよい人は、性格を読み取るのが下手だというのです。

冒頭にした人相判断は、科学的には根拠のないものでしたが、それでも、顔から性格は推測できるような気もします。よくする表情によって強調される顔つきが、性格をあらわす根拠となりました。そしてもうひとつ、男女の違いをつくり出す男性ホルモンによるという説もあります。男性ホルモンであるテステロンは、男っぽい顔を形成すると同時に、優位性や独断的な性格をつくり出すというのです。つまり、男っぽい顔と性格は結びついていることになります。顔と性格は、ある程度結びついているところがあるのかもしれません。

いずれにせよ、その人の内面が表情となって目に見えるかたちであらわれるのですから、内面を磨《みが》くことも「魅力的な顔」づくりには欠かせないということです。

## 顔は人との間にできあがる

最後に、顔は人との間にあることを忘れてはいけません。繰り返しお話ししてきたことですが、最後にもう一度お話ししましょう。

図6-4の写真を見てください。女性を挟《はさ》んで二人の男性が並んでいます。上下でほぼ似た構図の写真ですが、左側の男性は、上と下とで印象が変わって見えませんか？　下の写真

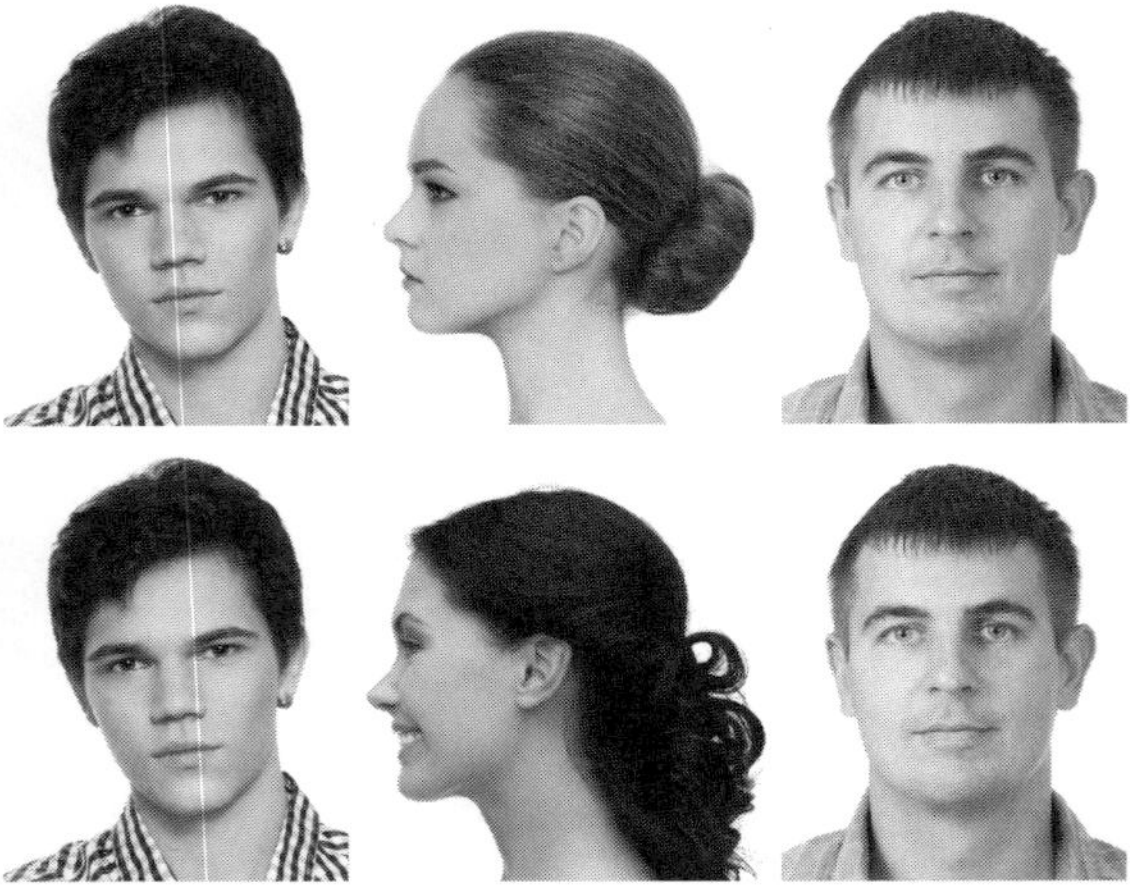

図 6-4　左右の男性，どちらがより魅力的でしょうか？　下の写真の左の男性は，少しにやけて見えませんか？　実は左右の男性は，上下の写真で全く同じです．周りを隠して，じっくり比べてみて下さい．間にいる女性の表情だけが変わっています．女性の表情によって，見られている側の男性の印象が変わるのです．

の男性の方がなんとなく魅力的、あるいは少しにやけているように見えませんか。

　種明かしをすると、上下の男性の顔写真は全く同じものです。男性の顔を見つめている、真ん中の女性の表情だけが変わっているのです。

　上の女性は無表情で、下は笑った顔です。男性を見つめた女性の顔が笑っていると、その顔は魅力的と判断されるのです。真ん中の女性が左右の男性を見比べているという、暗黙《あんもく》の前提があり、それによって顔つきまでが変わって見えるということになります。

顔は、人との関係の中にあり、人との関係の中で判断されるのです。よい写真を撮られるときも、人との関係は重要です。女性は男性の写真家に撮られたほうが魅力的に写り、男性は女性と話した後に撮られると、長期の付き合いをするパートナーとして好まれるという結果があります。顔とは、人との関係の中にできあがるものなのでしょう。

そもそもが、自分以外の周りの人たちに見られているのが、自分の顔です。あなたの顔は、周りの人たちとつながる役割をしているわけですが、自分がどんな顔をしているか、自分にはよくわかりません。時には鏡で自分の顔を観察して、自分の今の状態をチェックする目を持ってみてはどうでしょうか。疲れていないか、人間関係がうまくいっているか、自分を見直すきっかけになるかもしれません。

顔の魅力について語った本章に矛盾《むじゅん》するようですが、外見的な美醜だけで顔を判断するとしたら、それは人間として単純すぎるのかもしれません。魅力は動物としての本性から出たものですが、人間は動物よりもずっと複雑な社会に生きているのです。そんな社会の中では、魅力的な顔よりも「いい顔」であることの方が大切なのです。

複雑な人間関係の中で、他人や自分を偽ることなく、楽しく生きているか。自分や他人を大切にしているか。そんな生き方が顔にあらわれ人間的な魅力となるのでしょう。みなさんには、そんな魅力を感じることができる人になってもらえたらと思います。

# あとがき

筆者は顔の研究をしていますが、顔を憶えるのが得意ということも、化粧が好きということもなく、むしろ自分の顔を鏡で見るのは嫌いな方でした。それがこんな本を書くというのも、不思議なことです。

ふりかえってみると、「自分は、顔がわからないのかも」と悩んだこともあります。顔を憶えられないわけではないのですが、周りの人たちの言う「美人」が、これっぽっちもわからなかったのです。物心がついたころにお気に入りだったのは、目が大きく鼻が小さい、くりくりとした茶色い巻髪がかわいいアイドルでした。しかし周りの大人からすると、それはぜんぜん「美人」ではないというのです。大人たちが美人だという顔はどこか寂しそうで、しかも憂《うれ》いのある目やぽってりとした唇《くちびる》が、私には、「不細工」と言われていた芸人にそっくりに見えました。

そんな私ですからえらそうなことは言えませんが、今から思えば、アイドル顔は子どもにもわかりやすかったのだろうと思います。漫画のキャラクターにも、似ていたのかもしれません。しかし美醜《びしゅう》というのは顔を見る最も単純な基準のひとつでしかなく、もっと深く顔を知ってほしいというのが、この本のねらいです。

子どもの頃に「美人」がわからなかった私ですが、大人になって、「いい顔」に敏感になりました。このあとがきを書いている二月にも、たくさんのいい顔に出会いました。

大学教員はたくさんの若い学生さんたちに会う仕事ですが、大学入試のシーズンは最も出会いが多いときです。一般入試や特別入試の面接で、実にたくさんの受験生の顔に出会います。

留学生の入試でも、興味深い出会いがありました。まじめさを売ろうとする日本人とは感覚が違うのかもしれませんが、芸能人ばりに華やかに写った証明写真に、「この子は、日本に遊びに来るつもりなのかしら。真面目に勉強してくれるのかな」と不安にさせられました。ところが面接では、写真とは似ても似つかない真面目な学生がやってきたので、拍子抜《ひょうしぬ》けです。「いい」と思った証明写真だったのでしょうが、なんというイメージダウンだったことでしょう。

「いい顔」の話に戻ります。入試で答案用紙と必死に格闘《かくとう》する受験生たちを目の前にして、じっと見入ってしまいました。みなとてもいい顔をしていたからです。本人や家族からすると「他人事《ひとごと》だ」と叱られてしまうかもしれません。もちろん受験勉強はプレッシャーのある嫌なことでしょう。しかし熱心に解答している顔は、全員そろってなんともいい顔なのです。

改めて考えると、私たちがスポーツやスポーツ選手に夢中になるのも、試合をしているときの本気の顔が「いい顔」だからじゃないでしょうか。

こんな顔をしてずっと人生を過ごしてほしい、と受験生を見ながら願ったところです。

ふつうは新入生をいい顔と思うもので、受験生がいいとは、へそが曲がっていると思われるかもしれません。でも、今の日本の大学の新入生は、入学試験の時ほどいい顔には見えません。日本の大学では、「入ったら勉強はなし」と決め込んでいるところがあるのでしょう。サークルの勧誘には、いい顔をしているのかもしれません。でも少なくとも教室では、どこか真剣さにかけた不真面目な態度が、うすうす顔にも出ているように見えるのです。「これからたくさんの課題と宿題を出すよ」と少々脅《おど》すと、緊張感のあるいい顔になる学生もいるので、やはり真剣さが足りないところはあるのでしょう。

どこか抜け道を探すずるさがないこと、自分を向上させることに真摯《しんし》に取り組もうとすること、それがいい顔の条件なのかもしれません。

一方で、私が気の毒になる顔は、空虚なはりぼてのようになってしまった大人の顔です。表情が張り付いてしまったような顔といえばいいのか、職業がそのまま張り付いたような顔といえばいいのか……なんとも表現し難いのですが。ただし、同じ職業についていてももっと自由な顔を持っている人もいるので、頭と顔が固まってしまったような顔といえばいいでしょうか。もちろん病気というわけではありません。年を取って自分の殻《から》から一歩も出ようとしない、許容の少なさが顔に出ている。そんな顔の存在が、気になります。

親からもらったものがそのままで大満足という恵まれた人は、ほとんどいないでしょう。むしろ、他人から「恵まれている」とうらやましがられている人であっても、どうでもいい、些細《ささい》なことに悩んでいるかもしれません。自分の鼻はどうして低いのか。どうして目が二重《ふたえ》じゃないのか……。言い出してもきりがないことが、並ぶかもしれません。

こうした思いは、一生続くのでしょうか？　一生続いたら不幸としかいいようがありませんが、しかし不幸は自分で招くもの、そして不幸は自分の力で解決すべきものなのです。

不幸を招くのは顔ではなくて、顔とのつき合い方を知らないことにあるのです。自分の内面にも真摯に向き合い磨《みが》き上げていく。それが顔というものなのです。

自分に与えられたものをよく知ること、もしそこに決定的な問題を見出したとしても、克服する努力をすること。その前向きな態度こそが、人を引き付ける魅力となるのではないでしょうか。そして私たちはこうした魅力を、動物的な勘《かん》でもって感じ取っているのかもしれません。それがオーラと呼ばれたり、雰囲気といわれたり、あるいは「表情がいいんだよね」といったことに帰結するのでしょう。この本の読者が、そんな顔の魅力がわかる大人になって、人生をより深く楽しんでもらえたらと願っています。

平成二八年三月

山口真美

## 【引用文献】


コール，ジョナサン『顔の科学 ── 自己と他者をつなぐもの』茂木健一郎監訳，恩蔵絢子訳，PHP 研究所，2011 年.

日本顔学会編『顔の百科事典』丸善出版，2015 年.

山口真美，柿木隆介編『顔を科学する ── 適応と障害の脳科学』東京大学出版会，2013 年.

Perrett, David, *In your face: The new science of human attraction*, Palgrave Macmillan, 2010.


## 【図版出典】

図 1-1　Perrett, David, *In your face: The new science of human attraction*, Palgrave Macmillan, 2010.

図 2-7　Thompson, P., Margaret Thatcher: A new illusion, *Perception*, 1980, vol. 9, no. 4, pp. 483-484.

図 3-1（上）　Wollaston, W. H., On the apparent direction of eye in a portrait, *Philosophical Transactions of the Royal Society of London Series B*, 1824, vol. 114, pp. 247-256.

図 3-2　Kobayashi, Hiromi & Kohshima, Shiro., Unique morphology of the human eye, *Nature*, 1997, vol. 387, pp. 767-768.

図 3-6　Otsuka, Y., Motoyoshi, I., Hill, H. C., Kobayashi, M., Kanazawa, S. & Yamaguchi, M. K., Eye contrast polarity is critical for face recognition by infants, *Journal of Experimental Child Psychology*, 2013, vol. 115, no. 3, pp. 598-606.

図 4-2，図 4-3　Jenkins, R., White, D., Van Montfort, X. & Burton, A. M., Variability in photos of the same face, *Cognition*, 2011, vol. 121, no. 3, pp. 313-323.

図 6-2　Alley, T. R.(Ed.), *Social and applied aspects of perceiving faces*, Hillsdale, N. J., 1988.

図 3-4，図 3-5 左，図 4-5，図 5-1，図 6-4　©123RF（改変：図 3-4，図 4-5）

**山口真美**
お茶の水女子大学大学院人間文化研究科人間発達学専攻を修了後，ATR人間情報通信研究所・福島大学生涯学習教育研究センター助教授，科学技術振興機構(JST)さきがけ研究者を経て，中央大学文学部心理学研究室教授．博士(人間科学)．日本赤ちゃん学会事務局長・日本基礎心理学会理事・日本顔学会理事．著書に『発達障害の素顔』(講談社ブルーバックス)，『赤ちゃんは世界をどう見ているのか』(平凡社新書)など多数．専門は実験心理学で，赤ちゃんの認知発達や顔認知を実験．
大の猫好きで，獣医に注射を打たれる時に見せる「猫の額の筋肉の動き」がとても気になっている．この動きから猫の感情を解析し，人と会話ができないものかと考え中．

自分の顔が好きですか？—「顔」の心理学
岩波ジュニア新書 831

2016年5月20日　第1刷発行
2022年4月15日　第8刷発行

著　者　山口真美《やまぐちまさみ》

発行者　坂本政謙

発行所　株式会社 岩波書店
〒101-8002 東京都千代田区一ツ橋 2-5-5
案内 03-5210-4000　営業部 03-5210-4111
ジュニア新書編集部 03-5210-4065
https://www.iwanami.co.jp/

印刷・精興社　製本・中永製本


ISBN 978-4-00-500831-5　　Printed in Japan

# 岩波ジュニア新書の発足に際して

きみたち若い世代は人生の出発点に立っています。きみたちの未来は大きな可能性に満ち、陽春の日のようにひかり輝いています。勉学に体力づくりに、明るくはつらつとした日々を送っていることでしょう。

しかしながら、現代の社会は、また、さまざまな矛盾をはらんでいます。営々として築かれた人類の歴史のなかで、幾千億の先達《せんだつ》たちの英知と努力によって、未知が究明され、人類の進歩がもたらされ、大きく文化として蓄積されてきました。にもかかわらず現代は、核戦争による人類絶滅の危機、貧富の差をはじめとするさまざまな人間的不平等、社会と科学の発展が一方においてもたらした環境の破壊、エネルギーや食糧問題の不安等々、来るべき二十一世紀を前にして、解決を迫られているたくさんの大きな課題がひしめいています。現実の世界はきわめて厳しく、人類の平和と発展のためには、きみたちの新しい英知と真摯《しんし》な努力が切実に必要とされています。

きみたちの前途には、こうした人類の明日の運命が託されています。ですから、たとえば現在の学校で生じているささいな「学力」の差、あるいは家庭環境などによる条件の違いにとらわれて、自分の将来を見限ったりはしないでほしいと思います。個々人の能力とか才能は、いつどこで開花するか計り知れないものがありますし、努力と鍛練の積み重ねの上にこそ切り開かれるものですから、簡単に可能性を放棄したり、容易に「現実」と妥協したりすることのないようにと願っています。

わたしたちは、これから人生を歩むきみたちが、生きることのほんとうの意味を問い、大きく明日をひらくことを心から期待して、ここに新たに岩波ジュニア新書を創刊します。現実に立ち向かうために必要とする知性、豊かな感性と想像力を、きみたちが自らのなかに育てるのに役立ててもらえるよう、すぐれた執筆者による適切な話題を、豊富な写真や挿絵とともに書き下ろしで提供します。若い世代の良き話し相手として、このシリーズを注目してください。わたしたちもまた、きみたちの明日に刮目《かつもく》しています。(一九七九年六月)

900 男子が10代のうちに考えておきたいこと　田中俊之

男らしさって何？　性別でなぜ期待される生き方や役割が違うの？　悩む10代に男性学の視点から新しい生き方をアドバイス。

901 カガク力《りょく》を強くする！　元村有希子

疑い、調べ、考え、判断する力＝カガク力！科学・技術の進歩が著しい現代だからこそ、一人一人が身に着ける必要性と意味を説く。

902 世界の神話　沖田瑞穂

個性豊かな神々が今も私たちを魅了する聖なる物語・神話。世界各地に伝わる神話のエッセンスを凝縮した宝石箱のような一冊。

903 「ハッピーな部活」のつくり方　中澤篤史　内田　良

長時間練習、勝利至上主義など、実際の活動から問題点をあぶり出し、今後に続くあり方を提案。「部活の参考書」となる一冊。

904 ストライカーを科学する　―サッカーは南米に学べ！　松原良香

南米サッカーに精通した著者が、現役南米代表などへの取材をもとに分析。決定力不足を克服し世界で勝つための道を提言。

905 15歳、まだ道の途中　高原史朗

「悩み」も「笑い」もてんこ盛り。そんな中学三年の一年間を、15歳たちの目を通して瑞々しく描いたジュニア新書初の物語。

906 レギュラーになれないきみへ　元永知宏
スター選手の陰にいる「補欠」選手たち。果たして彼らの思いとは？ 控え選手たちの姿を通して「補欠の力」を探ります。

907 俳句を楽しむ　佐藤郁良
句の鑑賞方法から句会の進め方まで、季語や文法の説明を挟み、ていねいに解説。句作の楽しさ・味わい方を伝える一冊。

908 発達障害　思春期からのライフスキル　平岩幹男
「今のうまくいかない状況」をどうすれば「何とかなる状況」に変えられるのか。専門家がそのトレーニング法をアドバイス。

909 ものがたり日本音楽史　徳丸吉彦
縄文の素朴な楽器から、雅楽・能楽・歌舞伎・文楽、現代邦楽…日本音楽と日本史の流れがわかる、コンパクトで濃厚な一冊！

910 ボランティアをやりたい！ ―高校生ボランティア・アワードに集まれ　風に立つライオン基金編　さだまさし
「誰かの役に立ちたい！」各地でボランティアを行っている高校生たちのアイディアに満ちた力強い活動を紹介します。

911 オリンピック・パラリンピックを学ぶ　後藤光将編著
オリンピックが「平和の祭典」と言われるのはなぜ？ オリンピック・パラリンピックの基礎知識。

912 新・大学でなにを学ぶか
上田紀行 編著
大学では何をどのように学ぶのか？　池上彰氏をはじめリベラルアーツ教育に携わる気鋭の大学教員たちからのメッセージ。

913 統計学をめぐる散歩道
―ツキは続く？　続かない？
石黒真木夫
天気予報や選挙の当選確率、くじの当たり外れやじゃんけんの勝敗などから、統計のしくみをのぞいてみよう。

914 読解力を身につける
村上慎一
評論文、実用的な文章、資料やグラフ、文学的な文章の読み方を解説。名著『なぜ国語を学ぶのか』の著者による国語入門。

915 きみのまちに未来はあるか？
―「根っこ」から地域をつくる
除本理史
佐無田光
地域の宝物＝「根っこ」と自覚した住民によるまちづくりが活発化している。各地の事例から、未来へ続く地域の在り方を提案。

916 博士の愛したジミな昆虫
金子修治
鈴木紀之 編著
安田弘法
SFみたいなびっくり生態、生物たちの複雑怪奇なからみ合い。その謎を解いていくワクワクを、昆虫博士たちが熱く語る！

917 有権者って誰？
藪野祐三
あなたはどのタイプの有権者ですか？　社会に参加するツールとしての選挙のしくみや意義をわかりやすく解説します。

918 議会制民主主義の活かし方 ―未来を選ぶために 糠塚康江

私達は忘れている。未来は選べるということを。必要なのは議会制民主主義を理解し、使いこなす力を持つこと、と著者は説く。

919 繊細すぎてしんどいあなたへ HSP相談室 串崎真志

繊細すぎる性格を長所としていかに活かすかをアドバイス。「繊細でよかった！」読後にそう思えてくる一冊。

920 10代から考える生き方選び 竹信三恵子

10代にとって最適な人生の選択とは？ 各選択肢が孕むメリットやリスクを俯瞰しながら、生き延びる方法をアドバイスする。

921 一人で思う、二人で語る、みんなで考える ―実践！ロジコミ・メソッド 追手門学院大学成熟社会研究所 編

課題解決に役立つアクティブラーニングの道具箱。多様な意見の中から結論を導くロジカルコミュニケーションの方法を解説。

922 できちゃいました！ フツーの学校 富士晴英とゆかいな仲間たち

生徒の自己肯定感を高め、主体的に学ぶ場を作ろう。校長からのメッセージは「失敗OK！」「さあ、やってみよう」

923 こころと身体の心理学 山口真美

金縛り、夢、絶対音感――。様々な事例をもとに第一線の科学者が自身の病とも向き合って解説した、今を生きるための身体論。

930 平安男子の元気な！生活　川村裕子

意外とハードでアクティブだった!? 恋に出世にライバル対決、元祖ビジネスパーソンたちのがんばりを、どうぞご覧あれ☆

931 SDGs時代の国際協力 ―アジアで共に学校をつくる　西村幹子／小野道子／井上儀子

バングラデシュの子どもたちの「学校に行きたい！」を支えて――NGOの取組みから未来をつくるパートナーシップを考える。

932 コミュニケーション力を高める プレゼン・発表術　上坂博亨／大谷孝行／里見安那

パワポスライドの効果的な作り方やスピーチの基本を解説。入試や就活でも役立つ「自己表現」のスキルを身につけよう。

933 確かめてナットク！ 物理の法則　ジョー・ヘルマンス／村岡克紀訳

ロウソクとLED、どっちが高効率？ 物理学は日常的な疑問にも答えます。公式だけじゃない、物理学の醍醐味を味わおう。

934 深掘り！中学数学 ―教科書に書かれていない数学の話　坂間千秋

三角形の内角の和はなぜ180°になる？ なぜ割り算はゼロで割ってはいけない？ なぜマイナス×マイナスはプラスになる？…

935 はじめての哲学　藤田正勝

なぜ生きるのか？ 自分とは何か？ 日常の一歩先にある根源的な問いを、やさしい言葉で解きほぐします。ようこそ、哲学へ。

936
ゲッチョ先生と行く 沖縄自然探検
盛口 満
沖縄島、与那国島、石垣島、西表島、宮古島を中心に、様々な生き物や島の文化を、著名な博物学者がご案内！〔図版多数〕

937
食べものから学ぶ世界史
―人も自然も壊さない経済とは？
平賀 緑
食べものから「資本主義」を解き明かす！産業革命、戦争…。食べものを「商品」に変えた経済の歴史を紹介。

938
国語をめぐる冒険
渡部泰明・平野多恵・出口智之・田中洋美・仲島ひとみ
世界へ一歩踏み出せば、新しい出会いと成長への機会が待っています。国語を使ってどう生きるか、冒険をモチーフに語ります。

940
俳句のきた道 芭蕉・蕪村・一茶
藤田真一
古典を知れば、俳句がますますおもしろくなる！ 個性ゆたかな三俳人の、名句と人生、俳句の心をたっぷり味わえる一冊。

941
AIの時代を生きる
―未来をデザインする創造力と共感力
美馬のゆり
人とAIの未来はどうあるべきか。「創造力と共感力」をキーワードに、よりよい未来のつくり方を語ります。

942
親を頼らないで生きるヒント
―家族のことで悩んでいるあなたへ
コイケ ジュンコ
NPO法人ブリッジフォースマイル協力
虐待やヤングケアラー…、子どもはどのようにSOSを出せばよいのか。社会的養護のもとで育った当事者たちの声を紹介。

943 数理の窓から世界を読みとく
—素数・AI・生物・宇宙をつなぐ
初田哲男
柴藤亮介 編著
数学を使いさまざまな事象を理論的に解明する方法、数理。若手研究者たちが数理を共通言語に、瑞々しい感性で研究を語る。

944 自分を変えたい
—殻を破るためのヒント
宮武久佳
いつも同じメンバーと同じ話題。親に勧められた大学に進学し、楽勝科目で単位を稼ぐ。ずっとこのままでいいのかなあ？

945 ヨーロッパ史入門
原形から近代への胎動
池上俊一
古代ギリシャ・ローマから、文化的統合体としてのヨーロッパの成立、ルネサンスや宗教改革を経て、一七世紀末までを俯瞰。

946 ヨーロッパ史入門
市民革命から現代へ
池上俊一
近代国家の成立や新しい思想の誕生、二度の大戦、アメリカや中国の台頭。「古い大陸」ヨーロッパがたどった近現代を考察。

947 〈読む〉という冒険
イギリス児童文学の森へ
佐藤和哉
アリス、プーさん、ナルニア……名作たちは、本当は何を語っている？「冒険」する読みかた、体験してみませんか。

948 私たちのサステイナビリティ
—まもり、つくり、次世代につなげる
工藤尚悟
「サステイナビリティ」とは何かを、気鋭の研究者が、若い世代に向けて、具体例を交えわかりやすく解説する。